R. 2989.
c.

L'EUROPE
FRANÇAISE.

L'EUROPE FRANÇAISE,

PAR

L'AUTEUR DE LA GAIETÉ.

A TURIN;
Et se trouve à PARIS,
Chez la Veuve DUCHESNE, rue
Saint-Jacques, au Temple du Goût.

M.DCC. LXXVI.

PRÉFACE.

EN combien de Volumes sera cet Ouvrage, me disoit une Dame, aussi distinguée par sa naissance, que par son esprit ? Oh ! lui répliquai-je, en un tout au plus, conformément au génie du siècle, qui ne s'accommode ni des productions volumineuses, ni des Ecrivains diffus.

Il naît trop souvent des livres parmi les Français, & on les accueille trop mal, quand ils ne sont pas nouveaux, pour se livrer à une longue & pénible composition.

La Littérature actuelle retrace un Parterre où l'on aime à voir succéder la Renoncule, à l'Anémone; de sorte que nos Ouvrages, pour plaire, doivent avoir l'éclat des fleurs, & passer aussi vîte qu'elles.

Une Brochure chez les hommes à la mode, est exactement un Bouquet; ils la flairent, ils la mettent sur une cheminée, & quelques jours après, on ne la retrouve plus. Elle est fanée, ou elle doit l'être.

PRÉFACE.

Il n'est pas hors de propos de prévenir le Lecteur, que cet Ouvrage n'a pour objet que l'influence des modes & des usages de Paris sur les Européens, & que, si l'on y loue de préférence les Français, ce n'est qu'à raison de leur élégance & de leur aménité, sans donner la moindre atteinte au mérite réel des autres Nations.

Ce Livre est tout simplement un tableau ou je représente les Européens selon le Costume Français, qu'ils ont adopté. Celui qui ne l'envisagera pas sous ce point de vue, n'aura pas de bons yeux.

Plus je fais l'éloge des Français, & plus je loue ceux qui les imitent. On ne peut choisir de bons modèles, sans avoir du discernement & du goût.

Ne craignez point, Lecteurs. Cet Ouvrage n'a ni la tournure, ni la sécheresse d'une dissertation. Il se ressent des lieux divers où il a été composé, tantôt du fracas d'une Ville tumultueuse, & tantôt du calme d'une agréable solitude.

PRÉFACE.

Je ne dirai donc point que L'Europe est le meilleur pays du monde habitable; que, bornée à l'Orient par l'Asie, au Midi par l'Afrique, elle a douze-cents lieues dans sa plus grande longueur; car je ne veux faire ni un Ouvrage languissant par sa diffusion, ni un Livre fastidieux par ses citations.

Eh! que m'importe d'être placé dans quelque Bibliothèque, si les femmes aimables ne me lisent pas, si les hommes sociables me redoutent comme un Ecrivain pédantesque & diffus. Il n'y a que trop d'Auteurs qui ont accablé le genre humain du poids de leur Erudition. Il fallut autrefois des Savantasses pour défricher, pour planter; mais actuellement on n'a plus besoin que de ces mains élégantes, qui cultivent, & qui embellissent.

Nos Livres, pour être agréables, doivent ressembler à notre siècle. Il est triste de n'écrire que pour des gens qui n'existent pas.

J'ai entassé Chapitres sur Chapitres, pour que mes

PRÉFACE.

Lecteurs n'aient pas le tems de s'ennuyer; ce sont des pièces d'optique qui se succèdent rapidement.

Quelque Pédant va s'écrier, encore un nouvel Ouvrage du même Auteur! mais pour le guérir de son étonnement, je déclare ici qu'on peut facilement réduire toutes mes productions (depuis plus de vingt ans que j'écris) à huit volumes *in*-12, chaque brochure que j'ai donnée étant en gros caracteres, & ne contenant qu'un petit nombre de feuilles. Que d'Ecrivains du siècle qui ont beaucoup plus écrit! mais il suffit aujourd'hui qu'on travaille sur la morale, pour avoir des contradicteurs. Ce qui me vange heureusement de ces reproches, c'est que le Public ne s'est point encore dégoûté de mes Ouvrages, qui tous ont été réimprimés plusieurs fois, & traduits en diverses Langues.

TABLE DES CHAPITRES.

Chapitre Premier, *Des différentes Nations.* Pag. 1

Chap. II. *Des changemens qui arrivent dans les Etats.* 4

Chap. III. *De l'état de l'Europe au commencement du siècle dernier.* 8

Chap. IV. *Comment l'Europe a changé.* 25

Chap. V. *Pourquoi l'Europe a changé.* 51

Chap. VI. *Du Commerce.* 52

Chap. VII. *De la Politique.* 59

Chap. VIII. *De la Jurisprudence.* 67

CHAP. IX. *De la Philosophie.* pag. 71

CHAP. X. *De l'esprit Philosophique.* 79

CHAP. XI. *De l'esprit de Société.* 84

CHAP. XII. *De l'Education.* 99

CHAP. XIII. *Des Mœurs.* 114

CHAP. XIV. *Du Luxe.* 119

CHAP. XV. *De la Réputation.* 127

CHAP. XVI. *Des Voyages.* 132

CHAP. XVII. *Des Lecteurs.* 147

CHAP. XVIII. *Des Brochures.* 155

CHAP. XIX. *De l'Imprimerie.* 165

CHAP. XX. *Des Langues.* 169

CHAP. XXI. *Des Belles-Lettres.* 179

CHAP. XXII. *Du Goût.* 187

CHAP. XXIII. *Du Génie.* 200

CHAP. XXIV. *Du Siècle.* 204

CHAP. XXV. *Des Spectacles.* 212

DES CHAPITRES.

CHAP. XXVI. *Des Ouvrages Périodiques.* pag. 221

CHAP. XXVII. *Des Promenades.* 229

CHAP. XXVIII. *Des Tables.* 232

CHAP. XXIX. *Des Chanſons.* 237

CHAP. XXX. *De la Gaieté.* 242

CHAP. XXXI. *Des Cafés.* 246

CHAP. XXXII. *De l'Elégance.* 253

CHAP. XXXIII. *Des Jeux.* 259

CHAP. XXXIV. *De la Légèreté.* 262

CHAP. XXXV. *De l'art de gagner les Eſprits.* — 269

CHAP. XXXVI. *De la Liberté.* 272

CHAP. XXXVII. *Des Arts.* 277

CHAP. XXXVIII. *Des Académies.* 282

CHAP. XXXIX. *De la Politeſſe.* 285

CHAP. XL. *Des Modes.* 290

CHAP. XLI. *Des Plaisirs*. pag. 311
CHAP. XLII. *Des Petits - Maîtres*. 319
CHAP. XLIII. *Des Conversations*. 335
CHAP. XLIV. *De l'Opinion*. 341
CONCLUSION. 350

L'EUROPE

L'EUROPE FRANÇAISE.

CHAPITRE PREMIER.

Des différentes Nations.

A DIEU ne plaise que j'abaisse ici les Européens pour relever les Français.

Italiens, Anglais, Allemands, Espagnols, Polonais, Russes, Suédois, Portugais, &c. vous êtes tous mes frères, tous mes amis, tous également braves &

vertueux. Heureux qui, citoyen du monde, ne connoît ni l'antipathie, ni la prévention.

Si je vous partage en diverses classes, c'est que vous différez dans la manière d'exister; par la raison que la Nature n'a pas fait deux êtres qui se ressemblent parfaitement; elle n'a pas formé deux peuples également solides, ni également légers. Le monde est vraîment un faisceau de fleurs, où le Français bigarré comme l'œillet, l'Italien éclatant comme la rose, l'Anglais rembruni comme la pensée, &c. forment le contraste le plus frappant.

Le terroir, ainsi que le climat, n'est pas la seule chose qui différencie les Nations, la seule chose qui glace les Hollandais, qui embrâse les Italiens; la forme du Gouvernement influe singuliérement sur l'esprit & sur les mœurs. On

FRANÇAISE.

n'a pas les mêmes usages & les mêmes idées dans un Pays despote, & dans un Etat Républicain. L'Anglais voit les choses d'une maniere rapprochée, le Musulman ne les apperçoit que dans l'éloignement. C'est l'histoire de la lunette, dont un verre diminue les objets, & l'autre les grossit.

Quoi qu'il en soit, on reconnut toujours une Nation dominante, qu'on s'efforça d'imiter. Jadis tout étoit Romain, aujourd'hui tout est Français. La différence des siècles opère ces changemens. Il n'y a rien qui ne soit variable sous des Astres sujets à de continuelles révolutions ; & sur une terre où l'esprit humain naturellement inquiet, se fait un honneur d'être inconstant, & un plaisir de faire des essais.

CHAPITRE II.

Des changemens qui arrivent dans les Etats.

QUE de variations dans les Empires & dans les Républiques depuis que le Soleil renouvelle les saisons ! Ici des Nations échangent leurs usages, leurs mœurs, leur religion même, pour des nouveautés, là des Monarchies s'abîment pour ne plus reparoître.

L'Angleterre, jadis Catholique, est maintenant le théâtre de toutes les opinions, la Moscovie, autrefois barbare, est actuellement civilisée, & l'on reconnoît dans tous les climats que l'instabilité est l'appanage de l'espèce humaine.

FRANÇAISE.

Mille objets divers contribuent au changement des Etats. La guerre, le luxe, l'amour, l'intérêt, l'erreur, la vanité, le commerce, la Philosophie, le culte même. Autant de secousses qui ébranlent les Empires.

Rome n'est plus, & Rome subsiste quand on lit la double histoire de cette Métropole toujours célèbre; les générations qui nous précédèrent, ne se reconnoîtroient plus dans les Villes & dans les maisons que nous habitons; tout a changé. Le Hollandais du quinzième siècle seroit tout étonné de se voir Républicain, & le Polonais de 1676 ne pourroit se persuader que la liberté de la Pologne n'est plus qu'une chimère, & ses vastes domaines que la moitié de ce qu'ils étoient; l'Autrichien qui vivoit sous l'Empereur Léopold, ne pourroit concevoir que la Maison d'Autriche est maintenant l'alliée de celle de France; les Ducs de Brandebourg ne reviendroient pas de leur étonnement, à l'aspect de la puissance énorme de leur petit-fils ; & Louis XIV douteroit, même en le voyant, que les Jésuites n'existent plus.

Je me repaîs quelquefois de la surprise où seroient certains Monarques, s'ils venoient à se réveiller. A peine se reconnoîtroient-ils dans leur propre Palais, tant il y a eu de changemens depuis la date de leur mort.

Chaque génération présente une nouvelle scène, tantôt tragique, & tantôt comique, selon que les esprits sont agités.

La religion, comme absolument essentielle, opéra toujours les plus grands effets sur les différens peuples. Les hommes qui en eurent le moins, en sentirent l'importance, & par cette raison la firent souvent valoir. L'histoire est pleine de conquérans qui ne diminuèrent aux yeux du public l'horreur de leurs ravages, qu'en prenant le langage de la Religion. On les croyoit des Apôtres, dans le tems qu'ils n'étoient que des ambitieux ; & ce qu'il y a de mal, c'est qu'on impute à la Religion des forfaits qu'elle abhorre. La piété ne fut jamais faite pour masquer des crimes; mais rien n'arrête, quand on ne connoît d'autre Dieu que sa passion.

CHAPITRE III.

De l'état de l'Europe au commencement du dernier siècle.

Il y a une si grande disparité entre les Européens de 1600 & ceux de 1750, qu'on a peine à le concevoir. Les années qui se trouvent entre ces deux époques ne forment qu'un siècle & demi : & d'un côté, c'est le cahos ; de l'autre, un monde policé. Ainsi la plus vive lumière succède chaque jour aux plus épaisses ténèbres. La difficulté des chemins, la privation des voitures, la paresse ou la pusillanimité des hommes avoient tellement empêché les communications d'un Royaume à l'autre, qu'on regardoit comme une effrayante témérité, un voyage de Paris à Moſcou. Les Nations même voiſines ne ſe connoiſſoient que par les récits infidèles de gens ignorans, ou prévenus.

La ſcience ſe concentroit dans quelques têtes, ſouvent mal organiſées, & ne ſe communiquoit que par l'impreſſion de quelques *in-folio*, qu'on n'avoit ni le courage de lire, ni la force de tranſporter. Le génie s'étouffoit ſous la férule des pédans, ou ſous l'amas d'une multitude de paradoxes & de queſtions qui fatiguoient la mémoire, & qui abſorboient l'eſprit.

Le commerce languiſſoit entre les bras de quelques perſonnages trop ineptes, ou trop puſillanimes pour lui donner de l'étendue & du reſſort, & les Gouvernemens qui auroient dû l'encourager comme la richeſſe des Etats, & comme une profeſſion autant utile que distinguée, l'avilissoient, ou sembloient ne pas s'en occuper.

La fureur de se transporter alors dans le nouveau monde, faisoit oublier l'Europe, & l'on eût dit qu'il ne devoit y avoir de négoce que par mer.

Chacun, en conséquence, à moins qu'il ne luttât contre des flots, vivoit renfermé dans ses tristes murs, & l'or, au-lieu de circuler, demeuroit en masse. Les hommes ne savoient que boire & fumer, les femmes que jaser & filer. La Noblesse ne parloit que de parchemins qu'elle ne savoit pas lire, que de droits Seigneuriaux dont elle étoit idolâtre; & la bourgeoisie ne connoissoit d'autre existence que de végéter dans des tabagies ou dans des *tripots*.

On ne se donnoit des repas, que pour s'accabler réciproquement d'une multitude de mets aussi grossiers que mal apprêtés ; on ne se visitoit que pour voir des maisons obscures, & enfumées; on ne discouroit que pour tenir des conversations stupides ou tumultueuses; on ne se promenoit que pour rencontrer des pierres & des buissons; on ne voyageoit que pour s'abîmer dans des précipices ou dans des marais.

La société n'avoit nul intérêt, nulle aménité. Elle n'étoit réveillée, ni par des nouvelles Littéraires, ni par des Journaux Politiques. Chacun étoit toujours en Pays ennemi, même avec ses meilleurs amis, tant l'ivresse à laquelle on se livroit alors, troubloit la raison, & allumoit la fureur. Les hommes mettoient leur honneur à s'escrimer, & les femmes, sévrées de leurs époux le long du jour, ainsi que cela s'observe encore dans quelques Villes gothiques, ne revoyoient leurs maris que pour recueillir les exhalaisons d'un vin fumeux, ou de mauvais propos ; & ce sexe aimable, si propre à adoucir les mœurs, & à égayer les esprits, vivoit presqu'oublié. On le concentroit dans les fonctions du ménage, sans penser qu'il sait parfaitement allier les agrémens de la conversation avec les détails domestiques, & que l'homme sera toujours pédant ou bourru, tant qu'il ne fréquentera pas les femmes. Ce sont elles qui veloutent les caracteres, & qui font naître cette aménité si nécessaire dans le commerce de la vie.

J'entends quelqu'atrabilaire qui m'accuse de condamner la simplicité de nos peres (car un pauvre auteur est presque toujours obligé de se justifier) & qui m'accuse de louer le luxe, au-lieu de le blâmer:

mais ce qui me rassûre, c'est qu'il y a tout à parier que mon accusateur se trouve dans un lieu meublé avec élégance, que peut-être il y est nonchalamment couché sur un sopha préparé des mains de la mollesse, ou qu'il se promène dans quelque bosquet délicieux, où l'Art contraint la Nature de se cacher. C'est Sénèque assis sur des trésors, qui crie contre les richesses.

Eh ! Monsieur le Panégyriste des tems passés, que voulez-vous dire en louant éperdûment la simplicité de nos peres, si vous ne l'imitez ? J'entre dans votre appartement, & j'y trouve tous les agrémens du siècle, & je découvre jusques dans votre Bibliothèque nos anciens Philosophes, qui semblent se plaindre de ce que vous les avez fait relier pompeusement en maroquin, eux qui n'eûrent qu'une mauvaise tunique pour habit.

Il y a peu de déclamateurs qui ne soient coupables des fautes qu'ils condamnent. Je blâme plus que personne la profusion, & la somptuosité; mais je bénis le Ciel de ce que les Arts se perfectionnent, de ce qu'ils nous font jouir des commodités de la vie, de ce que la société n'est plus une escrime, de ce que le siècle enfin n'est plus gothique. Ceux qui crient contre lui, seroient bien fâchés qu'il vînt à finir; & il n'y a pas de doute, malgré leurs clameurs, qu'ils ne le préfèrent à tous les âges qui l'ont précédé. Le plus beau jour est certainement celui où l'on existe.

Faudra-t-il donc écrâser la graine des vers à soie, arracher tous les mûriers propres à les nourrir, sous prétexte que l'étamine, & le drap servent à nous habiller. Pourquoi la Nature a-t-elle produit & multiplié les germes avec tant d'abondance, si nous avons tort de les faire éclorre, & de nous en servir ? Ne condamnons que l'abus : ce qui est bon en soi-même est toujours bon dans le tems même qu'on en abuse.

Les Grands, quoique plus maniérés, ne savoient autrefois que s'envelopper d'un ridicule orgueil, & si l'on passoit dans le cabinet des Princes, on n'y trouvoit qu'une politique offusquée sous mille vaines subtilités, que de pompeux mensonges au nom de la très-sainte Trinité, qualifiés de traités de paix, comme le dit ingénieusement Mr. de Voltaire.

Le mauvais goût régnoit dans la Chaire comme dans le Barreau, dans les Académies comme dans les Ecoles, & c'étoit la suite d'une pédantefque & faftidieufe éducation, qui n'apprenoit que des termes fans y appliquer aucune idée. Je défie qu'on life de fang-froid les Orateurs & les Hiftoriens de 1600, les uns n'avoient que des phrafes gigantefques, les autres que des faits merveilleux operés par le moyen des Sorciers ou des Revenants.

Ainfi l'Europe reffembloit à ces nuits fombres où l'on ne découvre que quelques étoiles prefqu'imperceptibles, au milieu d'un Ciel nuageux. On attendoit une brillante clarté, fans pouvoir déterminer ni le tems, ni le lieu qui devoient la procurer.

L'engourdiffement des Sciences & des Arts tenoit donc la plupart des hommes dans une indolente monotonie ; fi les guerres excitoient des révolutions, ce n'étoit que pour entretenir une barbare valeur ; que pour répandre d'un Royaume à l'autre des superstitions & des préjugés ; que pour devenir fanatique de sa patrie, sans connoître le vrai patriotisme; que pour nourrir des vengeances & des haînes, sans avoir des raisons de se venger & de se haïr.

On couroit à la gloire à tort & à travers, faisant consister le point d'honneur dans ce qui n'en étoit que la parodie. On fuyoit les Villes, parce qu'on n'aimoit ni la contrainte ni la société, & l'on se confinoit dans des forteresses qui ressembloient plus à des antres qu'à des châteaux. La Noblesse s'imaginoit qu'en appesantissant son bras sur des Vassaux, elle étoit digne de siéger avec les Rois.

Si quelque Gentilhomme s'étoit avisé par hasard de mettre au jour une production Littéraire, on l'eût jugé roturier, ou digne des Petites-

Maisons. Il falloit être ignorant pour être honoré ; & alors qui eût jamais pensé que Stanislas, Roi de Pologne, composeroit un jour plusieurs ouvrages ; que Louis XV feroit un livre sur la Géographie ; que Frédéric, Roi de Prusse, enrichiroit la République des Lettres, & qu'il se placeroit parmi les Auteurs. On eut besoin du génie du Cardinal de Richelieu, pour refondre les mœurs & les têtes, & pour imprimer à la Noblesse, en la subjuguant, une autre manière de voir & de penser. Mille petits tyrans, retranchés dans leurs forts, sortirent à sa voix, & vinrent déposer aux pieds de Louis XIII, qui régnoit alors, & leurs vexations & leurs préjugés.

Ainsi Richelieu fut le précurseur de Louis-le-Grand, par le soin qu'il prit d'élever la Monarchie Française, sur les ruines d'une

Noblesse aussi impérieuse qu'ignorante, & de cette époque naquirent successivement les heureuses métamorphoses dont nous sommes témoins. Ce fut le germe des modes & des gentillesses françaises, & d'un renouvellement qui s'étendit jusques sur les plus petites choses. Insensiblement l'esprit se perfectionna, la raison s'embellit, & tout, jusqu'aux deuils, prit un air d'élégance & de nouveauté.

Le crépuscule que les Médicis avoient fait luire au milieu des ténèbres, reparut ; mais, pour amener un jour serein & durable ; chaque année dégrossit les usages & les manières, & le Français devint réellement ce qu'il doit être, aimable, léger, sémillant. On croyoit autrefois être magnifique, lorsqu'on étoit cousu d'or ; savant, lorsqu'on étoit pédant ; amusant, quand on étoit bruyant.

La Hollande ne favoit être que brufque & avide de tout l'or des deux mondes ; l'Angleterre fe croyoit fupérieure à toutes les Nations, par la raifon qu'elle les méprifoit ; l'Italie fe repaiffoit de titres, de Pafquinades, de *Concetti* ; l'Allemagne, ridiculement orgueilleufe, fe contentoit d'avoir des chapitres diftingués, & des quartiers à produire ; l'Efpagne, également fuperbe & pareffeufe, n'ôfoit ni rire, ni fe mouvoir, dans la crainte de compromettre fa dignité ; le Portugal ne voyoit la religion triomphante que dans un Auto-da-fé ; la Pologne ne fe complaifoit que dans l'indépendance ; la Ruffie gémiffoit fous des chefs auffi barbares qu'ignorans ; la Suède & le Danemarck avoient des manières auffi rudes que leur climat ; la Turquie n'ôfoit lever la tête dans l'appréhension d'un Sultan toujours prêt à la faire trancher ; la Suisse ne laissoit entrevoir qu'une agreste simplicité ; la France elle-même, malgré le goût qu'elle eut toujours pour les choses agréables & légeres, étoit Gauloise dans ses usages ainsi que dans ses écrits.

Je veux bien croire qu'on étoit alors plus solide ; mais qu'une pareille solidité devoit être accablante ! On ne juge ordinairement des choses, que par leur surface ; un siècle qui n'offre rien d'agréable, ne peut qu'attrister.

Quand on assiste à un riant Spectacle, on est ravi, & l'on ne s'avise pas d'aller derriere le théâtre pour affoiblir l'impression que font les décorations. Il n'y a gueres de bonheur ici bas sans illusion.

Prenons les choses comme elles se présentent, sans vouloir trop les approfondir : autrement nous finirions par être songeurs & misanthropes. Nous sommes des voyageurs qui n'avons qu'un instant rapide pour donner un coup-d'œil; le perdrons-nous à disserter? peut-être n'en serions-nous pas plus habiles.

Une Philosophie trop austere ne jouit de rien. Au-lieu de sentir le doux parfum de l'agréable violette, la rejetterai-je, parce qu'elle n'a ni la hauteur du lys, ni la durée de l'immortelle ?

Ne voulez-vous donc pas qu'on raisonne, dira quelque lecteur, qui aura mal pris ma proposition? Eh! raisonnez tant qu'il vous plaira; mais contentez-vous de voir tout simplement ce qui ne doit être que vu.

Mes idées se rembrunissent, je l'avoue, quand j'apperçois le seizième siècle s'annoncer dans l'univers avec un accoûtrement bisarre, un air farouche, une parole pesante & sans aucun goût.

Orante, affublé d'une large fraise qui lui sert de col, défiguré par une perruque énorme qui couvre amplement les épaules & les reins, portant un reste de barbe en forme de toupet, s'égarant la nuit & le jour dans un labyrinthe de vagues *in-folio*, prend pour un magnifique Palais un horrible château, où il n'y a presque ni portes, ni fenêtres, où l'on ne trouve que des meubles aussi ridicules, qu'incommodes à raison de leur vétusté ; préconise la Philosophie d'Aristote, comme le chef d'œuvre de l'esprit humain : *Orante* auroit eu du goût dans ce siècle-ci, & il n'aime que ce qui est gothique & bisarre, parce qu'il tient à l'année 1600.

Voyez *Mélanie* avec sa chevelure effarouchante qui lui donne l'air d'une Furie, avec fa robe à cent plis, avec fon ample ceinture, avec fon tour-de-gorge qu'on prendroit pour un énorme rabat; elle fuivit la mode de fon fiècle; & fi elle vivoit dans le nôtre, elle auroit fur la tête quelques plumes agréablement flottantes, au lieu de l'efpalier dont elle eft couronnée, & l'élégance de fes habits répondroit à celle de fa perfonne.

Le bel avantage que celui de naître à propos ! Bien des hommes ne dûrent qu'à leur fiècle leur goût & leur réputation. Fontenelle ne feroit point ce qu'il eft, s'il eût vécu du tems de Marot, & nous n'aurions point cette multitude d'ouvrages agréables, qui fe fuccèdent chaque jour pour amufer nos loifirs, & pour charmer notre ennui, fi nous n'étions encore qu'au feizième fiècle.

CHAPITRE

CHAPITRE IV.

Comment l'Europe a changé.

IL n'étoit pas facile d'ébranler l'Europe, de la réformer, & surtout de lui donner des impulsions Françaises.

Personne n'ignore que les Italiens politiques, les Espagnols fiers, les Anglais taciturnes, les Allemands méditatifs, n'étoient pas gens disposés à la gentillesse, & que le nom *Français* leur sembloit odieux par la seule raison que la France eut toujours un ton décidé, & des manières aisées. La légèreté, son appanage, sembloit un huitième péché mortel aux yeux de tous les Européens. Comme ils ne rioient presque jamais, ils ne comprenoient pas qu'on pût rire à tout propos : aussi n'y avoit-il pas de contraste plus frappant que de voir au milieu des Hollandais, un Français marcher sur la pointe du pied, que de l'entendre fredonner quelqu'agréable chanson.

Il étoit réservé à Louis XIV, par qui les plus petites choses acquirent de la grandeur, de commencer la révolution dont nous sommes encore étonnés, & de vaincre tous les obstacles qui paroissoient s'y opposer. On vit éclorre, à sa volonté, la Cour la plus brillante & la plus majestueuse de l'univers ; & ce spectacle éblouissant, préparé de loin comme nous l'avons dit, par le Cardinal de Richelieu, attira les Etrangers de toutes parts. Le desir de voir la France dans sa nouvelle splendeur, força les barrières qui retenoient les Européens ; ils vinrent en foule à Paris apprendre à imiter.

Louis-le-Grand envoya dans tous les pays, des Ambassadeurs qui, par leur magnificence, captivèrent les yeux. Les Peuples les plus gothiques ne purent s'empêcher d'admirer, & tout en murmurant, ils applaudirent en secret à la pompe qui les éblouissoit.

Tel est l'effet du beau ; il a un tel ascendant sur les esprits, qu'il les subjugue & qu'il les force de l'admirer.

L'Envoyé de Tripoli nous en fournit l'an dernier un exemple. Joyeux spectateur du Sacre de Louis XVI, il s'écria tout hors de lui-même, au moment où ce Monarque tendrement aimé recevoit les hommages & les applaudissemens de ses sujets : *O ciel ! la jolie nation !* Ce fut par une espèce d'enchantement que sa langue se délia pour articuler ces mots.

Il falloit être témoin de la splendeur de Louis XIV, dit la Bruyere dans une de ses lettres, pour en avoir une véritable idée. Sa Cour joignoit au luxe Asiatique, l'élégance & la délicatesse; il n'y avoit point de Prince étranger qui n'en fût frappé; & de cette Cour, ainsi que du sein de la lumière, il sortoit des rayons qui portoient la clarté jusqu'au fond du Nord, & qui ranimoient les âmes engourdies.

Des mariages qui se firent alors, donnèrent une nouvelle secousse à l'Europe. Louis-le-Grand épousa Anne d'Autriche; Jean Sobieski, Roi de Pologne, Marie d'Arquien, née Françaife; & tous les Etrangers participèrent plus ou moins à ces fêtes; les uns, en venant les admirer; les autres, en lisant ce qu'on en difoit avec tranfport.

Les guerres furent une autre cauſe du changement arrivé chez les Européens. En arrachant Louis à ſes fêtes & à ſes plaiſirs, elles devinrent une occaſion de répandre les Français dans tous les pays, & un moyen de les faire connoître. On les voyoit, d'une année à l'autre, ſe métamorphoſer dans des guerriers aimables, qui, après avoir bien combattu, ſe livroient aux délices de la ſociété avec une politeſſe qui charmoit ceux même dont on dévaſtoit les campagnes & les villes.

On voyoit un Officier Français encore tout couvert du ſang d'un époux, qu'en brave il venoit d'immoler à la gloire, & à l'avantage de ſa nation, courir chez la veuve, mêler ſes larmes avec les ſiennes, lui inſpirer de l'amour pour lui-même, de l'admiration pour la valeur Française, & finir, après quelques mois de gentillesses & d'assiduités, par lui donner son cœur & sa main.

On voyoit le Général plaindre le malheur commun, & inviter à une table élégamment servie, les parens de ceux qu'il venoit de terrasser. Par ces ingénieux stratagêmes que la circonstance faisoit naître, la nation Française gagnoit les esprits.

Que *Lermond* est aimable, disoit une Comtesse Allemande, toute enthousiasmée de ses manières & de ses propos! il a tout ce qui convient pour rendre une femme heureuse; il joint aux façons les plus aisées les sentimens les plus distingués. Encore une fois, il est né pour le bonheur d'une compagne : cela se répétoit le matin, le soir, à tout propos; & la Comtesse à trente-deux quartiers épousoit *Lermond*, quoique roturier, quoique n'ayant rien qu'une tête éventée, mais parce qu'il étoit Français.

Dispensez-moi, lecteurs, de raconter à ce sujet, les aventures qui se succédoient sans interruption au milieu des armées. Outre que mon ouvrage deviendroit immense, cela lui donneroit l'air d'un Roman. Tout ce qui est vrai, n'est pas toujours vraisemblable; ce qu'il y a de sûr, c'est que les amourettes des Français, pendant les guerres de Louis-le-Grand (je n'ai pas cru devoir dire les amours) contribuerent beaucoup à franciser l'Europe.

Myrtile, chamarrée de toutes les gentillesses qui se cueillent dans Paris, comme des bouquets dans un parterre, exhalant le jasmin & la bergamote, tenant le langage des bergers de Fontenelle, jouant des yeux avec art, sans qu'il y paroisse la moindre adresse, enflamme dans une première entrevue, la Dame *Fontarosa*, Italienne; se brouille dans une seconde, se racommode dans une troisième; & c'est une excuse en vers, qui a tout pacifié. Il redevient l'homme délicieux, & les Sigisbés, pour plaire, & pour n'être pas renvoyés, sont enfin obligés de le copier.

Les femmes dans tous les tems opérerent les plus grands changemens, & c'est en leur faisant la cour, que les Français se les rendirent favorables, & qu'elles devinrent leurs zèlées panégyristes. On a toute la peine du monde à résister à un langage insinuant soutenu par des gentillesses, & par le talent de persuader. Auguste, Roi de Pologne, Electeur de Saxe, compétiteur de Stanislas, ne copia la magnificence de Louis-le-Grand, qu'en mettant les femmes de son parti. Elles devinrent aussi agréables qu'élégantes, & bientôt Dresde donna le ton à toutes les Cours d'Allemagne. C'étoit assurément pour le sexe une belle cause à soutenir. Il s'agissoit de mettre en honneur les modes & les manières Françaises, & de se faire remarquer par une parure toute nouvelle.

La révocation de l'Edit de Nantes, dont on a si souvent, & peut-être trop parlé, fut un autre moyen qui contribua à Franciser l'Europe ; l'Allemagne, l'Angleterre, la Hollande, virent arriver par pelotons des essains d'hommes aimables & habiles dans leurs professions, ayant presque tous avec eux des épouses vives, intéressantes, enjouées, telles qu'on les voit à Blois, à Angoulême, à

Bayonne, à Bordeaux. Ce coup-d'œil attendrit & frappa. L'amour de l'hospitalité, soutenu de l'esprit de parti, distribua dans différentes Villes les Françaises nouvellement débarquées, & le desir de se les rendre utiles, fit qu'on les employa. Les unes destinées à l'éducation des jeunes Demoiselles, les autres à être femmes-de-chambre, remplirent diverses tâches, & communiquerent l'art de se présenter avec grâce, de se coëffer avec élégance, de se parer avec goût. La génération qui existoit alors, apprit par ce moyen à connoître les gentillesses Parisiennes, & la génération suivante les adopta.

Quant aux maris expatriés, ils travaillerent des chef-d'œuvres, dans tous les genres, & l'on fut obligé de reconnoître, que rien n'approchoit du goût Français.

Les Etrangers prenoient tous les jours fait & cause pour les nouveaux arrivés. Personne ne connoît l'art de séduire comme le Français : ses regards, ses gestes, ses propos, ont quelque chose de si insinuant, qu'on ne peut lui résister. Qu'on se figure donc ici des groupes de Parisiens & de Lyonnais, répandus dans tous les climats, amalgamés avec toutes les conditions, & l'on se persuadera facilement qu'ils dûrent subjuguer les esprits, triompher des préjugés nationaux, faire recevoir leurs usages, inspirer leur goût. L'éloquence naturelle est la clef des cœurs. L'Italien touche ; mais le Français persuade.

Je sais (& qu'est-ce qui l'ignore ?) que ce même Français, si aimable & si persuasif, passe, avec une espèce de raison, dans l'esprit des Etrangers, pour être volage, étourdi, jusqu'à l'âge de trente-cinq ans, (car il faut dire la vérité;) mais cela n'empêche pas qu'on ne le recherche, & qu'on ne l'imite. Il fait oublier un air d'impertinence par une saillie dite à propos, & on lui donne quittance de ses folies, en faveur de sa gaieté.

Céladon arrive dans une Ville, & à peine il en a parcouru l'enceinte, qu'il badine, & qu'il persiffle les habitans; mais il le fait si joliment, qu'on lui pardonne ces écarts, parce qu'on est convaincu qu'il n'y a que sa volubilité qui l'entraîne, & que son caractere est excellent. C'est un feu qui semble devoir brûler; mais qui se métamorphose en autant de lueurs agréables, & qui finit par s'échapper en étincelles.

Il falloit de grands & de petits évènemens pour refondre l'Europe. Les circonſtances, comme les paſſions, les firent naître. L'hiſtoire eſt deſtinée à les détailler, & moi, d'après le plan que je me ſuis propoſé, à n'en donner qu'un croquis; j'ai ſi grand peur de diſſerter, que, ſemblable à l'oiſeau qui voltige d'une branche à l'autre, je paſſe rapidement ſur chaque objet.

Courez donc, ma plume, pour être au gré du ſiècle & des lecteurs. L'Ecrivain qui creuſe eſt un vent qui déracine; celui qui effleure, un zéphir qui agite ſimplement des feuilles, & qui les éparpille.

Les Proteſtans ne furent pas les ſeuls qui paſſerent chez l'Etranger. Depuis que Louis XIV monta ſur le Trône, il n'y eut point de mois, peut-être point de jour, où quelque Français ne s'aventurât par terre, ou par mer, pour voir & pour être vu. La stabilité ne fut jamais leur partage. Légers par les pieds comme par la tête, ils passent d'un Royaume à l'autre avec la plus grande agilité. Aussi les Allemands ne peuvent-ils comprendre qu'il y ait des Chartreux parmi les Français ; c'est-à-dire des solitaires qui demeurent toujours dans le même lieu, & qui ne parlent jamais.

On ne doit pas s'imaginer que les Européens adopterent tous en même tems les rubriques Françaises ; la marche des gentillesses & des modes, semblable à celle des sciences & des arts, est plus ou moins rapide dans les diverses contrées.

Il fallut, par exemple, toute la sagacité de la Reine Sobieski, pour électriser la Pologne, pour transformer enfin des Sarmates en des Parisiens. Elle vint à bout, cette Princesse entreprenante, de les rendre élégans dans leurs habits, agréables dans leurs propos, décens dans leur maintien; Henri III avoit régné trop peu de tems pour y laisser des vestiges de l'élégance Française, & d'ailleurs la France elle-même avoit besoin alors de se réformer dans la partie des agrémens.

Le Cardinal de Polignac, cet Ambassadeur si savant & si maniéré, servit de second à la Reine de Pologne, pour civiliser les Polonais; & depuis cette époque, ils se répandirent dans toutes les parties de l'Europe, à dessein de se façonner.

Le mariage de Louis XV, Roi de France, avec la Princesse Leczinska, fille de Stanislas, Monarque célèbre par sa bienfaisance encore plus que par ses écrits, resserra plus que jamais les Français

& les Polonais ; & Paris comme Luneville, virent continuellement des émigrations de Varfovie.

La Pologne, plongée dans des préjugés nationaux, & fans autre difcipline que la fervitude & l'Anarchie, avoit befoin de ces divers évènemens pour prendre une nouvelle vie. Le Voyageur ne trouvoit d'autres gîtes dans de vaftes déferts, que de lugubres chaumières, d'autre nourriture que de mauvais pain ; & les Seigneurs même n'offroient à fes yeux qu'une mifere cachée fous un éclat trompeur.

Il n'y eut réellement que la communication avec la France, qui fit connoître à prefque tous les Européens les commodités de la vie. Ce n'eft pas qu'ils n'euffent de l'aptitude pour améliorer comme pour embellir ; mais, foit pareffe, foit indifférence, ils végétoient au milieu de leurs triſtes foyers: leur émulation ne ſe tournoit que du côté des guerres; & plus ils avoient immolé d'hommes à leur ambition, plus ils ſe croyoient grands.

D'ailleurs l'attachement pour leurs peres les engageoit à vivre comme eux ; ils craignoient d'outrager leur mémoire & de contriſter leurs mânes, en donnant plus d'élégance à leurs villes & à leurs maiſons. La France elle-même fut long-tems dupe de ce préjugé. Par-là, nous aurions reſſemblé aux hirondelles, qui, d'âge en âge, maçonnerent toujours également leur nid.

On penſoit, d'ailleurs, que des ordonnances de police, quoique très-utiles, bleſſoient les droits du Citoyen, & nuiſoient à ſa liberté. On ſe ſouvient encore de ce qu'un vieux Palatin diſoit au grand Maréchal de Pologne (le Comte Biélinski) qui avoit ordonné dans Varſovie, l'enlèvement des fumiers; *celui qui eſt devant la porte de mon palais, y reſtera, parce que je ne veux point être commandé.*

Perſonne ne doute que le Duc d'Anjou, appellé au trône d'Eſpagne au commencement du ſiècle, n'ait rendu les Eſpagnols plus affables & plus manièrés. Son règne répandit à Madrid l'eſprit de ſociété; on y fut beaucoup moins fier & beaucoup moins négligé; le peuple y prit un air de propreté dont il n'avoit pas d'idée; & l'Eſpagnol lui-même ſentit enfin la néceſſité d'imiter le Français, pour plaire & pour ſe faire rechercher.

Ce fut à Paris que Pierre-le-Grand apprit à civiliſer ſa nation. On ne lui avoit enſeigné dans la Hollande & dans l'Angleterre, que l'art de conſtruire des vaiſſeaux. A peine fut-il de retour dans ſes vaſtes Etats, qu'il fit ſortir Péterſbourg du fond d'un marais, & qu'il ſe vit environné d'un peuple nouveau, par le ſoin qu'il prit de répandre l'agréable & l'utile. Les pierres obéirent à ſa voix pour former des palais; & les Ruſſes parurent aimables & polis. M. de Voltaire a rendu cela vivement dans ſon Hiſtoire pittoreſque de Charles XII. Il y fait voir comment le règne de Pierre fut réellement un phénomène par tous les prodiges qu'il opéra. La nation Ruſſe, ſi éloignée du ſiècle préſent par ſes uſages gothiques & par ſes mœurs barbares, s'en rapprocha ſi bien, qu'elle eſt maintenant au niveau des nations les plus policées; & ce fut la France qui, par un ſouffle bienfaisant, produisit cette surprenante métamorphose.

On se modéla sur ses coutumes, sur ses goûts, sur ses sociétés; & les Seigneurs Moscovites sont devenus presque Parisiens à force de les copier. Il ne leur manque plus que d'adopter le calendrier universel, comme a fait l'Angleterre. Eh ! qui peut mieux réussir dans cette entreprise que l'Impératrice actuellement régnante, justement comparable à Minerve pour la science & pour la sagesse ? Elle connoît mieux que personne ce que l'Europe doit aux Français, & elle l'a plus d'une fois manifesté en les accueillant de la manière la plus distinguée.

Ceci n'altère en rien (je prie mes lecteurs de ne pas l'oublier,) l'estime qu'on doit à tous les hommes, & sur-tout aux Européens.

Ils avoient en eux-mêmes le germe de tous les talens, comme l'aptitude à toutes les sciences ; & par l'heureuse impulsion de la France, ils les ont fait éclorre. Elle a simplement agi comme un Jardinier qui taille un arbre, & qui, sans lui donner la faculté de produire des fruits, lui communique des agrémens extérieurs. Si elle a devancé les autres nations dans cette entreprise, c'est que mettant moins de tems à réfléchir, elle agit plus promptement. Mais qu'ai-je besoin d'adoucir les termes ? ou les Européens en conviendront, ou ils manqueront de reconnoissance. Je ne veux qu'un coup-d'œil jetté sur leurs habits comme sur leurs logemens, pour les forcer à convenir que la France est un précepteur qui les éduqua. Je ne dirai pas avec le Cardinal Passionei, qu'en civilisant la plupart des habitans du Nord, elle fit marcher des hérissons qui n'osoient ni s'allonger ni se remuer: cette bisarre comparaison ne peut venir que d'une imagination exaltée; mais je dirai qu'elle leur donna un vernis dont ils avoient absolument besoin.

Cela parut d'une manière sensible, quand, par des évènemens mémorables pour le siècle, pour la nation, pour l'histoire, deux filles du Duc d'Orléans, Régent du Royaume, contractèrent des alliances, l'une avec le Prince de Modene, l'autre avec Louis de Bourbon, devenu Roi d'Espagne, & quand par la suite une Dame de France épousa le Duc de Parme. D'après ces brillantes époques, l'Espagne se familiarisa avec les usages de Paris, l'Italie se peupla de Parisiens, l'on y introduisit jusqu'aux modes de la rue Saint-

Honoré, & l'on y changea jusqu'à la manière de compter les heures.

Ainsi le feu de l'Hymenée, joint à celui de la guerre, fit de l'Europe un monde tout nouveau. On vit les Français sur les ailes de la Victoire, tantôt à Plaisance, tantôt à Prague, tantôt à Milan, tantôt à Tournay, déployer leur valeur & leur génie. Partout ils arborent le pavillon de l'élégance & du goût, partout ils apprennent à vivre commodément, à mettre une juste proportion dans les dépenses, & à jouir des douceurs de la société.

On les trouve aimables, lestes, élégans, & leurs exemples achèvent de perfectionner ce que leurs jolis propos n'ont fait qu'ébaucher. Les avez-vous vus? se disoient les Italiennes, réciproquement. *Quels charmes dans leur commerce! quel empreſſement à ſe produire! leur premiere entrevue eſt un témoignage d'amitié ; leur ſeconde, une déclaration d'amour. Ils brillantent tout ce qu'ils diſent, ils aſſaiſonnent tout ce qu'ils font, & leurs manieres ont quelque choſe de ſi vif, de ſi naturel, de ſi ſéduiſant, qu'on les appelleroit volontiers les écureuils de l'eſpece humaine.*

C'eſt ainſi que s'exprimoit, ſur leur compte, la Comteſſe Simonetti Milanaiſe, femme auſſi diſtinguée par ſes charmes, que par ſon nom. Elle ne pouvoit plus vivre ſans voir des Français; eh combien ſon enthouſiaſme pour eux n'eût-il pas augmenté, ſi elle eût habité Paris! car il faut avouer qu'ils ſont bien plus aimables dans leur propre pays, que dans une terre étrangere. Fâchés de ne point trouver chez les autres mille petits agrémens

agrémens de la vie, auxquels ils sont accoutumés; ils se plaignent, ils murmurent; mais leur colère, différente de celle des Anglois, n'est qu'un feu qui s'éteint au même instant qu'il pétille.

La Lorraine unie à la France, le grand Duché de Toscane devenu l'appanage du feu Empereur, grossissent encore la chaîne des évènemens qui francisérent l'Europe. On vit les Lorrains, & les Toscans même, prendre les manieres & le ton de Paris, & cela fut amené par les différentes relations qu'ils eurent avec les François. Si je cite ces évènemens comme ils se présentent à mon esprit, sans m'asservir à la chronologie, c'est que j'abandonne ce travail aux Dissertateurs & aux Historiens.

Mais entrons dans l'examen de ce qui fera connoître comment, &

jusqu'à quel point la France influa sur l'Europe, & pour cet effet traitons séparement des différens moyens qui contribuerent à cette singuliere révolution.

On aime les détails. Si quelques-uns paroissent minutieux, du moins ils auront le mérite de ne pas ennuyer. Je veux être rapide en écrivant, comme on le sera en me lisant. L'œil ne toisera point mon ouvrage, & ne se lassera point à le parcourir.

CHAPITRE V.

Pourquoi l'Europe a changé.

La dissertation sera bientôt faite. Les français ont l'art de plaire, & il n'y a rien qui résiste à des manieres insinuantes, & a des propos engageans. On se contente d'admirer ce qui est beau ; mais on veut imiter ce qui est joli, soit parce que cela coûte moins, ou que cela plaît davantage, soit enfin parce qu'on est plus sûr de réussir. Le génie étonne, l'esprit attache ; mais l'amabilité persuade.

Qu'on ne me fasse pas de procès si ce Chapitre est trop bref ; il y en a de plus courts dans le livre des loix, qui est un tout, tandis que celui-ci n'est qu'un rien.

CHAPITRE VI.

Du Commerce.

LE Commerce étant le lien des Nations, il n'eſt point ſurprenant qu'il ait beaucoup contribué à rendre l'Europe Françaiſe. Les Hollandais & les Anglais, furent certainement les deux peuples qui lui donnerent plus de conſiſtance & plus d'étendue; mais les Français le rendirent plus actif. On ſait qu'ils aimerent toujours le mouvement.

Je les vois ſur toutes les Mers, tantôt ſe quereller avec les deſtins, tantôt avec les élémens, à deſſein d'amaſſer du bien; moins pour s'enrichir, à la vérité, que pour briller. Leur langage inſinuant, leur air élégant, leur ſervent de passe-port pour arriver au cœur de ceux qu'ils veulent gagner. Ils ont plutôt subjugué les étrangers, qu'un Anglais n'a parlé. Les femmes sur-tout ne peuvent leur refuser leur amitié ; & voilà pourquoi ils se marient si facilement dans les pays lointains, pourquoi ils n'y sont jamais embarrassés.

On trouve que leurs manieres sont aisées, & que le commerce Maritime, qui donne ordinairement aux mœurs beaucoup d'âpreté, ne les rend ni grossiers ni sauvages : soit effectivement la température de l'air, soit le caractere de la Nation, quiconque naquit en France, & y fut élevé, est rarement brutal. On y rencontre des hommes pétulans, mais jamais farouches.

Ainsi par le moyen du commerce même, les Français adoucirent l'Europe. Habiles à s'insinuer, ils se font des prosélytes, dans le tems qu'ils ne s'occupent extérieurement que d'affaires de Négoce.

Eh ! combien les commerçans Français depuis quarante ans n'ont-ils pas appris à parler de tout avec intérêt ? s'ils n'approfondissent pas les matières, du moins ils les effleurent, lisant d'autres écrits que des Garnets & des Lettres-de-Change. Ne fût-ce que la Comédie du jour, que la brochure à la mode, ils la connoissent, & souvent ils en jugent bien.

Je ne parle ici que de la seconde classe des Négocians ; car il est des Commerçans dans toutes les Villes considérables, telles que Nantes, Rouen, Lyon, Marseille, Bordeaux, enfin Paris, qui ont des vues perçantes, des connoissances étendues, qui caressent enfin les Muses, & qui leur serviroient de Secrétaires, si leur correspondance valoit celle de Plutus.

Rien ne répand l'homme dans toutes les régions du monde, comme le commerce. De son cabinet, le Négociant s'entretient avec tous les peuples de l'Univers, donnant ordre à ses Lettres, d'aller tantôt en Asie, tantôt en Amérique, manifester ses volontés ; comme les feuilles de la Sybille, dont parle Virgile, il me semble les voir se répandre de toutes parts, & suivre l'impétuosité des vents & des flots.

C'est par la voie du Commerçant que l'or circule, que l'agréable se trouve joint à l'utile, que le monde s'enrichit, & que la France fit connoître dans tous les pays ses modes, ses gentillesses, son industrie.

Combien ceux qui dirigent les Manufactures n'ont-ils pas contribué à l'heureux changement qui fait le sujet de cet ouvrage. Ils ont attiré l'attention des étrangers par la beauté de leur travail. Il n'y a pas de Cour en Europe où les étoffes Françaises ne soient à la mode. Elles flattent la vanité des grands, la frivolité des femmes; elles brillent dans les jours de gala. Une robe qui n'a pas été fabriquée à Lyon, un diamant qui n'a pas été monté à Paris, un éventail qui n'y est pas né, sont des objets insipides pour l'Etranger. Il ne s'épanouit que lorsqu'il apperçoit quelque échantillon du génie Français.

Travaillez-donc ingénieux Lyonnais, élégans Parisiens; tout ce que vous ferez sera exalté comme un chef-d'œuvre, tant on a de confiance dans vos talens. Il est vrai que la plus légere bagatelle qui sort de vos mains, porte l'empreinte de la délicatesse & du goût. Auſſi votre nom vôle-t-il au-delà des Alpes & des Pyrénées, & l'on connoît juſqu'au fond de la Ruſſie, & l'Empereur, & Germain, & du Lac, &c. &c.

L'Allemagne maintient preſque ſeule le commerce de Lyon. Il ne s'y fait pas un mariage, il ne s'y donne pas une fête, qu'on n'y voie briller ſous toutes les nuances, l'induſtrie des Lyonnais. Une étrangere de diſtinction ne ſe croit pas habillée; diſons mieux, elle auroit honte de paroître, ſi ſa robe & ſa coëffure n'étoient pas ſelon le goût Français; ce n'eſt ſans doute qu'une affaire d'opinion; mais on ſait que l'opinion eſt la Reine du monde. De-là mille commiſſions, mille meſſages qui rendent les Pariſiens intéreſſans; diſons mieux, néceſſaires dans ce qui concerne la partie des ajuſtemens. On les conſulte, on les écoute, on s'en rapporte à leur décision, on applaudit à leur goût.

Quel homme admirable que *Frontin*, dit une Princesse Allemande ! il n'a pas son pareil dans le monde entier pour le mérite, & pour les talens. Son goût est exquis, ses connoissances sont universelles, & l'on ne peut trop lui donner d'éloges : mais enfin qu'a-t-il fait ? Il m'a envoyé, répond-elle, il m'a envoyé une étoffe de sa façon, où il y a plus de finesse & plus d'esprit que dans les plus excellens livres. Encore une fois, quel homme merveilleux que *Frontin* ! l'Europe l'admire, & je l'adore.

Après un tel enthousiasme, pourra-t-on nier qu'il n'y ait des Allemandes vraiment Parisiennes, & que le commerce ne soit un moyen efficace de rendre les Européens Français ?

CHAPITRE VII.

De la Politique.

JE parle ici de cette science mystérieuse & profonde, qui n'est jamais plus admirable que lorsqu'elle se cache, jamais plus excellente que lorsqu'elle paroît plus simple ; jamais plus agissante, que lorsquelle semble ne point agir ; de cette science qui tranquilise les Empires, ou qui les agite, qui les ébranle ou qui les soutient ; de cette science enfin dont tout homme en place a besoin pour procéder avec sagesse.

Loin d'ici le Machiavelisme, qui, bien moins un Art qu'une affreuse astuce, se fait un devoir de fronder les loix, & de se jouer de l'honneur, ainsi que de la probité. Si Louis XI en fit malheureusement usage, comme le disent tous les Historiens, ce ne fut jamais la science des Français.

Il est une sagacité qui prévoit les maux, & qui ne s'en afflige pas; une discrétion qui ne laisse rien transpirer des délibérations & des projets, mais qui n'arrête ni les saillies, ni les bons mots; une prudence qui se plie aux circonstances, & qui n'a rien de contraint.

C'est-là cette politique aimable qui conduisit toujours la France, & qui passa chez l'Etranger.

L'Allemand comme l'Anglais, le Hollandais comme l'Espagnol, s'imaginoient autrefois que, pour être bon politique, il ne falloit pas parler, sans faire attention qu'un silence affecté n'est souvent que trop éloquent. Les Ministres, les Ambassadeurs, les Envoyés, les

Secrétaires même de toutes les Cours, affectoient une morgue ridicule, qui faisoit redouter leur présence, & qui écartoit de leurs Palais ceux qui auroient pu les instruire ou les avertir. Il y en avoit qui, dans la crainte d'être surpris dans un moment de bonne humeur, se cachoient pour rire, & trembloient qu'on ne les apperçût. Ajoutez que, lorsqu'il s'agissoit de quelqu'affaire épineuse, il falloit des mois, souvent des années, avant qu'on prît un parti, & qu'on eût le courage d'expédier des dépêches, dans la crainte de se méprendre. A l'exemple de Rome moderne, on ne connoissoit d'autre moyen que celui de temporiser.

Le Français, comme essentiellement communicatif, apprit à l'Etranger, que, dans les circonstances qui exigent du secret, il faut avoir un visage épanoui, & une conversation aisée ; qu'une gravité combinée a quelque chose de repoussant, & qu'elle passe pour orgueil ; qu'un Ministre doit avoir un air attrayant ; qu'enfin, le grand art de n'être jamais deviné, c'est de paroître tout dire en ne disant rien.

On condamna d'abord la naïveté Française, comme une étourderie, & ensuite on finit par la copier ; de sorte que l'Espagne, l'Angleterre, la Hollande, ont maintenant des Ambassadeurs qui savent rire & se communiquer. La politique même Italienne se défait tous les jours de ces petits moyens qu'employa si souvent le Cardinal Mazarin, & qui sont le partage des âmes pusillanimes. L'Europe ne met plus en usage, comme autrefois, l'espionnage & la délation, la ressource ordinaire des méchans, & des petits esprits.

Plus d'une fois des Ambassadeurs Français déconcerterent les Cours Etrangeres, en disant toujours la vérité. Ils firent voir en déployant une ame magnanime, qu'un grand Ministre sait entrer dans les détails, sans être minutieux, & qu'on n'a pas besoin d'employer la supercherie, quand on a l'équité pour soi. Eh! pourquoi faire jouer la mine, quand on peut prendre la place d'assaut?

Que ne dirois-je point ici des inutilités qu'on s'écrivoit jadis d'une Cour à l'autre, avec la précaution du chiffre le plus secret & le plus compliqué. La vivacité Française élagua tous ces riens précieux. On ne marque plus dans les dépêches que ce qui est essentiel; & les chefs de Bureau, comme leurs Commis, ne notent que des choses.

La politique, en conséquence, n'est plus l'art de se tendre réciproquement des piéges, ni celui de s'entortiller dans des replis tortueux, & ce sont les Français qui l'ont rendu si honnête & si peu compliquée.

Je ne dissimulerai pas qu'il y a encore quelques contrées en Europe, où l'on tient à la vieille routine; mais toujours est-il certain, qu'on y est beaucoup moins attaché qu'autrefois, & que la politique actuelle parle & rit dans l'occasion.

Les Ambassadeurs se voient avec cordialité, & ne vivent plus dans une défiance mutuelle qui les gênoit extrêmement. Il n'y a plus que quelques subalternes, qui, pour se donner un air d'importance, jouent encore la gravité, & les Ministres des différentes Couronnes, qui résident à Venise, pour ne pas effrayer une République qui a peur de son ombre.

J'ajoûte à ces réflexions, que la politique universelle ne tend maintenant qu'à la paix, & que, si les Cabinets des Princes ne sont plus des Arsenaux où l'on prépare des armes pour le combat, on a cette obligation à Louis le Bien-aimé, Monarque vraiment pacifique, & à plusieurs Ecrivains Français, qui, avec beaucoup d'adresse & d'esprit, jeterent un ridicule éternel sur les guerres & sur les guerroyans.

Charles XII, ne seroit maintenant à nos yeux qu'un illustre Chevalier errant, & tout Prince qui se feroit un jeu de prendre des Provinces, & de les ravager, passeroit à juste titre pour un pillard & pour un brigand. Les mœurs s'adouciffent, quand l'esprit s'épure, & la Philosophie, lorsqu'elle se tient dans de justes bornes, est une excellente leçon pour persuader l'amour de la paix.

CHAPITRE VIII.

De la Jurisprudence.

Je ne dirai point que c'est aux Jurisconsultes Français, que les Etrangers sont redevables de la sagesse de leurs loix; mais je dirai qu'ils leur doivent l'avantage d'être plus clairs dans leurs Suppliques & dans leurs Mémoires, & conséquemment plus précis.

Quel labyrinthe avant ce siècle, que le Code Russe & le Code Allemand! On perdoit de vue le point principal pour mille petits incidens aussi étrangers à la question, que fatiguans pour des Juges; on se noyoit dans un déluge de phrases inintelligibles, & il falloit une patience & une sagacité peu communes pour dérouiller un pareil cahos.

Frédéric, Roi de Prusse, en simplifiant son Code ; Catherine, Impératrice de Russie, en établissant des règles sages pour la prospérité de ses Etats, pour la discipline des Colléges & des Tribunaux, imiterent la précision des Français. C'est d'après le séjour que le Prince de Kaunitz fit à Paris, en qualité d'Ambassadeur, qu'on abrégea les Référés dont la Cour de Vienne redoutoit la diffusion. La meilleure législation est toujours celle qui est la plus simple & la plus conforme à la liberté des citoyens : les Procédures ne servent qu'à allonger, & à embrouiller les Procès.

Les Européens, sur-tout depuis cinquante ans, ont profité les uns des autres pour s'éclairer mutuellement sur les moyens de rendre la Justice plus promptement & à moins de frais ; mais c'est à la

France qu'on doit particulièrement l'avantage d'avoir fait fleurir le Barreau. On trouvoit une éloquence nerveuse, il est vrai, dans les Républiques, où la liberté d'écrire & de parler, laisse à l'esprit toute sa force & toute son activité ; mais cela ressembloit aux fugues de ces Musiciens, qui sortent des règles de la composition, au-lieu que les Français ont des plaidoyers dignes de Rome & d'Athènes.

Ce n'est pas que je veuille louer ici l'éloquence des Factums dont la France est si souvent inondée ; l'art de séduire n'est que trop dangereux, quand il s'agit de procès ; & par la liberté qu'on s'y donne d'écrire tout ce qu'on veut, on instruit le public de mille faits atroces ou calomnieux qu'il devroit ignorer ; mais malheureusement aujourd'hui l'on divulgue tout ce qu'on pense, & l'on fait imprimer tout ce qu'on dit.

Pour ne pas faire un Chapitre sur l'Agriculture, je dirai ici, quoique ce ne soit pas le lieu, que d'après les procédés de M. du Hamel, & des Sociétés établies en France à ce sujet, les Européens ont appris des Français à cultiver leurs terres avec plus d'avantage, en y apportant plus de soin. Il n'y a pas d'Etranger, pour peu qu'il soit curieux, qui n'ait fait venir de Paris les ouvrages de tous les Agriculteurs modernes, & qui n'en profite. L'Anglais lui-même, malgré son attention à rendre les Campagnes aussi agréables qu'utiles, n'a point dédaigné d'écouter les cultivateurs Français, & d'en profiter.

CHAPITRE IX.

De la Philosophie.

ON ne croiroit pas que la Nation Françaife, fi fémillante & fi légere, a cependant produit les deux plus grands Philofophes qui aient exifté, Defcartes, & Mallebranche. Quelque chofe qu'on puiffe dire contre leurs Recherches & contre leurs fyftêmes, il n'en fera pas moins vrai que, remplis d'une généreufe audace, ils fe frayerent une route nouvelle à travers les ronces les plus piquantes & les plus épaiffes, & que l'Europe leur doit le renouvellement de la Philofophie.

Je les vois déchirer les voiles de l'erreur, fecouer le joug des Péripatéticiens, fe dégager de l'entrave des écoles, reléguer Aristote dans la classe des sophistes, Scot dans celle des ergoteurs, & donner carrière à leurs sublimes idées.

Personne n'ignore que, sans Descartes, on n'eut jamais vu paroître Newton. Il fut sa boussole, comme son précurseur: eh! quel jour ne répandit-il pas chez tous les peuples! Le Carthésianisme, porté d'abord à Stockolm, passe de Royaume en Royaume, & reçoit les plus grands éloges. On veut le combattre, & l'on est forcé de le louer; on ôse calomnier l'Auteur, & sa réputation n'en est que plus éclatante.

Rien d'aussi admirable que de le voir s'élever par la force de son génie sur les ruines de tous les Philosophes qui l'ont précédé. Il marche seul dans une région inconnue, & il trace un chemin facile à ceux qui voudront le suivre

à

à travers des précipices & des rochers. Dejà Mallebranche est son Disciple, & le Disciple lui-même s'attire l'admiration de l'univers.

L'Angleterre, l'Allemagne, l'Italie; (que dis-je?) la Chine elle-même, demandent les ouvrages de Mallebranche, les lisent, les relisent & ne cessent de les louer. Le P. Bouvet, Jésuite & Missionnaire célèbre, écrivoit de Pékin à Paris en 1704, que quelques lettrés du pays ne pouvoient se rassasier du Mallebranchisme, qu'ils le regardoient comme une Philosophie émanée des Cieux, & qu'on ne pouvoit trop lui envoyer d'exemplaires de la Recherche de la vérité. (*Nota*, que c'est un Jésuite qui demande les Ouvrages d'un Oratorien.)

En vain, on affecte de redire, après un Bel-esprit, que ce Philosophe ne fut qu'un sublime songeur, que son imagination servoit un ingrat, il n'en est pas moins vrai que ses prétendus songes exciterent une révolution dans toutes les écoles, & que le monde entier les lut avec admiration.

Aussi le Dictionnaire Encyclopédique ne craint-il point d'avancer *qu'il y a plus d'esprit dans une seule page de la Recherche de la Vérité, que dans tout l'ouvrage de Locke.*

Il ne parle pas moins honorablement de la Philosophie de Descartes. On s'en fit honneur, nous dit-il, à la Cour, à l'Armée, & les Nations voisines parurent envier à la France les progrès du Cartésianisme, à peu-près comme les succès des Espagnols aux deux Indes mirent tous les Européens dans le goût des nouveaux établissemens ; la Physique Française, excitant une émulation universelle, donna lieu à d'autres entreprises, peut-être à de meilleures découvertes.

Je ne prétends, ni d'après ces témoignages, ni d'après mes observations, que le Cartésianisme n'ait pas ses absurdités. Il suffit d'être homme, & sur-tout systématique, pour pouvoir se tromper; mais si l'on ne suit pas toujours nos deux grands Philosophes, disoit Fontenelle, il faut au moins toujours les admirer, & convenir qu'en faisant tomber les causes occultes, qu'en établissant le doute méthodique pour ne pas admettre indistinctement le faux & le vrai ; ils rendirent le plus grand service à la Philosophie, & que l'Europe leur doit l'avantage inestimable de n'être plus la dupe des Sophistes & des Charlatans. Ce n'étoit pas une foible victoire que de changer l'enseignement des Ecoles & des Opinions dont la date remontoit à plus de deux-mille ans.

On a peine à concevoir combien l'Allemagne, & la Pologne sur-tout, avant cette heureuse époque, étoient hérissées de Sophismes. On n'apprenoit à la Jeunesse qu'un jargon Scholastique qui ne se soutenoit qu'à l'aide de quelques distinctions absurdes ; mais aujourd'hui, grâces à Descartes, tous les Européens ont une Philosophie claire & précise, excepté dans quelques Colléges gothiques, & dans quelques Cloîtres isolés, où l'on passe encore pour savant, quand on est ergoteur & diffus.

Les femmes mêmes, par l'heureuse révolution qui a éclairé l'Univers, ont appris à devenir Philosophes.

Fontenelle dans sa Pluralité des Mondes, Algaroti dans son Newtonianisme, ont instruit nos aimables Européennes, tout en les amusant, des merveilles de la Nature.

D'où je conclus que si la Doctoresse Laurea-Bassi enseigne publiquement la Physique à Bologne; que si la Dame Barbarigo, illustre Vénitienne, a su traduire Locke en Italien; que si la Comtesse Boromée s'est fait connoître d'une maniere distinguée parmi les Savans; que si la Princesse Radziwil, Polonaise, fit ses délices de Mallebranche, & de tout ce qu'il y a de plus abstrait, elles dûrent cet avantage inestimable aux Français.

Les ouvrages sortis de Paris, même les plus profonds, se ressentent de la beauté du terroir, &

l'on n'y trouve, ni ces épines, ni cette aridité qui défesperent les gens de goût.

La plume des habitans du Nord est la massue d'Hercule, disoit Fontenelle, *& la nôtre une badine légère, avec laquelle, tout en folâtrant, nous menons les Muses comme nous voulons.*

CHAPITRE X.

De l'esprit Philosophique.

J'ENTENDS par esprit Philosophique (& je prie mes lecteurs de le retenir) un don de la Nature perfectionné par le travail, par l'art, par l'habitude, pour juger sainement des choses, & non cette liberté effrénée qui brise les entraves où la Foi tient justement la raison.

Quand on possede éminemment cet esprit, il produit une intelligence merveilleuse, la force du raisonnement, un goût sûr & réfléchi de ce qu'il y a de bon & de beau dans l'Univers.

Il y a des hommes qui ont de la Philosophie, & qui n'ont point l'esprit Philosophique. Chez les

Anglais il est poussé trop loin; tandis que chez les Français, pourvu qu'il se maintienne dans le respect dû à la religion, il ne va pas au-delà du but.

L'immortel Montesquieu fut saisi de cet esprit, & il en fit part à l'Europe entière, en lui offrant son ouvrage sur les Loix, où des paradoxes se trouvent par fois mêlés avec la verité, mais où il y a d'excellentes choses.

C'est à l'esprit Philosophique, cet esprit bien entendu, qu'on doit l'amour général qu'on a pour la paix, l'extinction de toutes les haînes qu'excitoit la diversité des religions, la liberté des Citoyens, le courage d'écrire l'Histoire avec vérité; enfin, l'insertion de la petite-vérole, que de vieux préjugés ne permettoient pas d'introduire, & que Rome même sous le Pontificat de l'immortel Ganganelli, étoit sur le point d'adopter.

Tant qu'il n'y eut que les Anglais qui prêcherent la tolérance civile & l'inoculation, l'Europe fut insensible à leurs remontrances, parce que, naturellement froids, ils n'ont pas l'art de persuader; mais dès que les Français soutinrent la même thèse, on les écouta de toutes parts, & l'on se fit un plaisir de profiter de leurs leçons.

On fait toujours sensation, quand on joint les agrémens du style à la force des raisons, & que par la manière de dire les choses, on intéresse l'esprit & le cœur.

Il est étonnant combien l'enthousiasme en tout genre a baissé, depuis que les ouvrages Français sont devenus la lecture universelle. On n'est plus idolâtre de son propre pays, au point de mépriser tout ce qui n'y tient pas, & dans la conversation même, on ne peut souffrir tout ce qui sent le fanatisme, ou l'esprit de parti.

L'esprit Philosophique, tel que nous l'avons défini, avoit donc besoin des Français, pour qu'on goûtât ses raisonnemens, & qu'on reçût ses idées. L'Anglais écrit fortement ; mais trop impérieusement pour gagner des lecteurs. L'amour-propre se révolte contre un ton de fierté.

Vous voulez subjuger *Isidor* par vos raisonnemens, & loin d'en être ébranlé, il les élude par son obstination à ne point vous écouter ; mais prenez un autre style, écrivez avec plus de douceur & d'honnêteté, & bientôt vous serez surpris de ce que cet *Isidor*, que vous croyiez altier, recevra vos leçons avec la plus grande docilité; on résiste à la force, & presque jamais à l'insinuation; mais on prend ordinairement dans les écrits le ton du gouvernement dans lequel on est né; c'est un ton absolu dans les Républiques, & un ton modeste dans les Monarchies.

CHAPITRE XI.

De l'Esprit de Société.

Il n'est pas donné à tous les hommes d'avoir cet esprit liant & facile, qui gagne la confiance, & qui plaît dans tous les pays. Je ne connois que l'Italien, le Français, & peut-être le Suédois, qui soient portés d'eux-mêmes à prévenir ceux qu'ils rencontrent, & qui leur parlent volontiers.

Les Européens, presque tous sur la réserve, ne sont devenus communicatifs, que depuis qu'ils prirent les manières Françaises. Il falloit autrefois des efforts incroyables pour arracher une seule parole d'un Anglais. S'imaginant toujours qu'on cherchoit à le surprendre dans ſes propos, il ruminoit en lui-même le plus court monoſyllabe pour le tirer d'embarras, & il payoit de cette monnoie tous ceux qui vouloient converſer avec lui.

Mais c'étoit bien autre choſe, lorſqu'on alloit dans ſon pays. Il ne reconnoiſſoit plus les perſonnes dont il avoit reçu les plus grandes politeſſes. Heureux ſiècle! tout a changé, le Hollandais parle, & l'Anglais accueille l'Étranger.

A force d'entendre diſcourir les Français, on les copie inſenſiblement, & d'ailleurs comme ils ſont naturellement queſtionneurs, & curieux, ils ont ſi ſouvent interrogé, qu'il a fallu leur répondre de force ou de gré. Les langues par ce moyen ſe ſont déliées, & l'on connoît maintenant l'art de converſer chez tous les Européens.

Ce n'eſt plus le tems où des hommes raſſemblés paſſoient des jours entiers à fumer, ſans dire un ſeul mot. Les tabagies Hollandaiſes ſont devenues preſqu'auſſi bruyantes que ſi elles étoient remplies de Français, & les hôtelleries Allemandes où l'on ne répondoit jamais qu'avec beaucoup de peine, ont préſentement des hôtes qui bégaient quelques phraſes, & qui même font des complimens.

Je conviens que le Français s'aventure dans le propos ; que ſouvent, ſans connoître ceux qu'il voit, il leur adreſſe la parole ; qu'il leur fait même des queſtions, & qu'il cherche à devenir l'ami du genre-humain : mais cela ne vaut-il pas mieux qu'un perſonnage moroſe, qui a l'air d'une ſtatue échappée de quelque Mauſolée ; qu'un homme qui croit toujours être en pays ennemi, & qui craint de ſe compromettre, même en ne parlant que de la pluie ? J'aime mieux un étourdi qui babille, qu'un cynique qui ne dit mot ; autant dîner avec mon perroquet, qu'avec un original qui ne desserre les dents que pour manger.

Qu'y a-t-il de plus agréable pour un homme qui voyage, que de rencontrer des personnes qui l'entretiennent sur divers évènemens, qui lui apprennent la nouvelle du jour, qui lui racontent l'histoire de la veille, & qui s'annoncent comme ses amis, comme ses frères, dès le moment qu'ils l'abordent.

J'ai connu nombre d'Etrangers qui, sans avoir aucune lettre de recommandation, mais moyennant leur facilité à se produire, passoient agréablement leur tems. Sous prétexte qu'il y a des aventuriers, faut-il avoir peur de son ombre ? C'est le cas d'un homme qui n'oseroit sortir, parce qu'on trouve des mouches qui bourdonnent, & qui piquent. Une union de pure société, n'est pas une liaison de confiance ; & c'est être pusillanime & méfiant, que de toujours appréhender de devenir dupe.

Eh ! que craint-on ? les Européens ont-ils donc l'astuce des Chinois, ou la perfidie des Arabes, pour nous perdre, & pour nous tromper ?

Ah ! vous êtes tous nos amis, chers habitans de l'Europe, & vous ne pouvez mieux faire pour vous-mêmes, comme pour ceux qui vous fréquentent, que d'être communicatifs : voyez une ville Française, voyez ses habitans, c'est l'enjouement, c'est la gaieté. Il n'y a que la vieillesse qui puisse rider leur visage. Leur physionomie, toujours gracieuse, s'épanouit continuellement. Si l'on se fâche par hasard, ce n'est qu'un nuage qui passe. Les Parisiens ont appris aux Etrangers qui viennent les visiter, à ne mitonner ni haîne, ni vengance. Le Français est trop volage pour haïr long-tems. Ou il pardonne, ou son épée termine aussi-tôt les débats.

Tout le monde n'est pas né pour avoir des biens immenses, des talens extraordinaires; mais chaque homme existe pour rendre à la société ce qui lui appartient. Répandez-vous parmi les animaux, vous qui ne voulez ni rire ni parler. Vous êtes flegmatique, me répondrez-vous? mais que deviendra la société, si personne n'en suit l'esprit, si personne n'en prend le ton? C'est une excellente chose que l'esprit social, d'autant mieux qu'il n'est, ni impérieux, ni rempant, ni impétueux, ni lent, & qu'il se modifie, selon le mérite des personnes, la nature des entretiens, le goût dominant.

La société bien entendue sympathise singulièrement avec la solitude. C'est même ce mélange qui rend agréable le commerce de la vie. Toujours avec les autres, c'est n'exister qu'à demi : toujours avec soi-même, c'est aller contre l'institution du Créateur, & mépriser le genre-humain.

J'ai cru ne devoir pas employer ici la force du syllogisme, pour prouver que l'homme est né pour vivre en société. Nos besoins, notre langue, notre être, toute la nature, nous crient que nous sommes faits pour nous fréquenter, & pour nous aider. La reproduction de nous-mêmes, exige sans doute que nous vivions ensemble. Un

Allemand eût jadis fait un livre, & peut-être même un *in-folio*, pour démontrer que notre inftitution eft d'habiter les uns avec les autres, & moyennant trois phrafes, je viens de dire tout ce que fon gros ouvrage auroit énoncé. Ecoutons l'enfant qui crie, le vieillard qui fe plaint, & nous n'aurons pas befoin d'autres raifonnemens pour nous prouver que l'homme eft réellement un être manqué, s'il ne vit en fociété.

Palais immenfes, Villes célèbres, Cours brillantes, vous n'éxiftez que par l'impulfion de la Nature qui a pouffé les hommes à vous bâtir & à vous former : les campagnes doivent aux cités le tribut & l'hommage de leurs admirables productions ; & les cités, à leur tour, doivent aux campagnes l'argent qui remue les bras, & qui donne à toutes chofes le mouvement & la vie; & c'est-là cette heureuse correspondance qui maintient le monde dans l'ordre des proportions, & qui en fait un spectacle ravissant.

L'homme qui vit au milieu de ses frères, pour leur répondre, pour les soulager, pour les éclairer, est le vrai Philosophe, & non l'homme qui se concentre orgueilleusement dans un triste réduit, & qui affecte de ne vivre que pour lui seul : il devoit être hibou ! il a manqué son état.

Nous aimons à voir le monde entier ne faire qu'une seule & même famille, & par des occupations diverses, par des goûts différens remplir les mêmes objets, concourir à la même fin. Alors on diroit qu'il n'y a qu'un seul esprit, qu'une seule âme, qu'un seul être.

Il n'y a pas cinquante ans qu'un

Français, qui se présentoit dans quelqu'assemblée, soit à Gênes, soit à Londres, passoit pour un véritable étourdi. Son air libre, sa conversation aisée révoltoient des personnages qui ne savoient être que sérieux ; mais à présent qu'on a connu le prix de la société, on ne porte plus un jugement aussi hasardé. Ce qui étoit pris alors pour folie, passe maintenant pour gaieté.

Si l'homme bourru savoit ce qu'il perd, en n'étant pas sociable, il auroit le courage de s'humaniser ; mais ce que je vais dire sera dur pour bien des gens ; c'est que je n'appelle point un être sociable, celui qui est riche & qui ne donne pas ; celui qui a une belle Bibliothèque, & qui en veut jouir seul ; celui qui a un secret important pour l'Humanité, & qui ne le communique à personne; celui qui fait parler, & qui ne le veut pas; enfin, celui qui se livre à l'orgueil. L'homme sociable est l'ami du genre-humain, & se fait tout à tous. L'hospitalité fut jadis le plus bel acte de sociabilité; mais on n'en trouve plus que quelques vestiges dans la Pologne & dans l'Amérique, & encore commencent-ils à s'effacer. A mesure que le luxe a crû, les chevaliers d'industrie se sont multipliés, & il faut avouer que, s'il n'est pas dangereux de parler à ceux qu'on rencontre, il seroit quelquefois très-funeste de les loger.

L'art de converser fut toujours la science favorite des Français: ils aimeroient mieux ne pas exister, que de ne pas parler; & je ne vois pas qu'ils aient tort, puisque la parole & la pensée sont ce qui distingue essentiellement les hommes des animaux.

Les loix de la conversation étant de ne s'appesantir sur aucun sujet, mais de passer légèrement d'une matière à l'autre, sans effort & sans affectation, de savoir parler de choses frivoles & de choses sérieuses; de se souvenir que tout entretien est un délassement, & non une escrime; un jeu, & non une étude, les Français sont plus propres que tout autre peuple à ce genre d'exercice.

D'ailleurs l'amour de la lecture, la connoissance des modes, l'habitude de s'entretenir dans la gaieté, de s'élever au-dessus des évènemens, les mettent dans le cas de pouvoir aisément converser. C'est dommage que les cartes aient pris trop d'ascendant. On ne s'arrête plus que sur cet objet, & il prive à tout inftant du plaifir d'entendre difcourir des femmes aimables, dont les propos feroient auffi agréables qu'intéreffans.

J'attends, avec la plus grande impatience, l'arrivée de ces jours heureux où le fexe, parlant davantage, jouant beaucoup moins, converfera avec le plus grand intérêt : que de jolies chofes fe diront alors ! L'efprit fe tamifera, & l'on aura la fleur des expreffions & des penfées.

On vous excufe d'autant moins, femmes aimables, quand on vous voit au jeu, que le génie du fiècle vous a mifes en état de converfer agréablement. Il n'y a point d'ouvrage de goût que vous ne connoiffiez. Il réfulteroit de vos entretiens des propos femillans, d'heureufes réflexions, de jolis bons-mots que le hafard amèneroit,

&

& dont la société feroit son profit.

Rien de plus délicieux, que de savoir converser avec politesse, avec douceur, avec légèreté, & c'est un agrément qu'on trouve aujourd'hui dans toute l'Europe. En Allemagne, & sur-tout en Italie, on se distribue dans des assemblées ou l'âme est à l'aise, ou l'esprit prend l'essor, ou Minerve badine, ou Vénus moralise, ou les Grâces & les Muses s'escriment joliment ; le Français s'y plaît, il y retrouve Paris, il s'y retrouve lui-même.

L'Anglais acquiert cette amabilité si intéressante & si naturelle ; il ne veut même pas aujourd'hui qu'on le soupçonne d'être taciturne & rêveur. On diroit qu'il a honte de l'avoir été. Il y a tout à parier qu'après les métamorphoses que nous voyons, il se persuadera enfin, que ce n'est pas en tenant table du matin. au soir, qu'on s'amuse, ni en se livrant à des transports immodérés.

D'après l'exemple que la France a donné, les Européens ne conversent plus comme autrefois, uniquement pour disputer & pour faire assaut d'érudition. On abandonne la controverse aux écoles, & les pédans sont écartés. de la bonne compagnie, où l'on n'a plus de thèses à soutenir.

Lycas croyoit par son silence affecté, se faire une réputation. Il jouoit avec complaisance le rôle de dédaigneux, ne répondant même pas à ceux qui l'interrogeoient. Depuis qu'il a vu Paris, il convient qu'il se regardoit comme un important personnage, & qu'il n'étoit qu'un impertinent. J'aime *Lycas* pour sa sincérité.

CHAPITRE XII.

De l'Education.

CE sujet, quoique si souvent traité, sera toujours inépuisable, & cela n'est point étonnant, puisque l'éducation suit la marche des siècles, des goûts, des opinions, des caprices, des modes mêmes. Tel pere veut que son fils fréquente les Théâtres; tel autre les défend expressément; tel peuple n'estime qu'une éducation pédantesque & sévère; tel autre que l'éducation brillante & facile. Ici l'éducation domestique est en honneur, & là celle qui est publique.

Un Auteur célebre, qui a le talent d'enrichir singulièrement la langue Française, ne nous a donné que de pompeux paradoxes, &

de fastueuses pensées dans un livre sur l'éducation, annoncé comme un chef-d'œuvre, & attendu comme la merveille du monde. Ceux qui s'obstinent à le louer avec enthousiasme, ne voudroient pas suivre sa méthode dans la manière d'élever leurs enfans, ou, s'ils ôsent s'y conformer, ils en sont bien-tôt dégoûtés, & enfin ils reconnoissent qu'il y a une grande distance de la singularité, à la vérité.

On ne cesse de crier contre l'usage ridicule qui applique les jeunes gens pendant plusieurs années à l'étude du Latin; je conviens qu'on y emploie trop de tems: mais on n'a pas la même aptitude aux sciences, lorsqu'on n'a point étudié cette Langue, qui nous familiarise avec je ne sais combien d'Auteurs, & d'Anecdotes, qu'il seroit honteux d'ignorer.

FRANÇAISE. 101

Quant aux principes qui doivent règler les mœurs, ils ne germent dans le cœur de la Jeuneſſe, qu'autant qu'ils ſont ſoutenus par l'exemple des peres & des maîtres; mais les parens, pour ne pas ſe gêner, s'empreſſent d'éloigner leurs enfans. Un fils connoît à peine ſon pere, quand il ſort du Collége, & l'habitude où ils ſont de ne ſe plus voir, met le plus grand obſtacle à la tendreſſe & à la confiance.

Eh! qu'y a-t-il de plus conforme à la nature & à la raiſon, que de voir croître ſous ſes propres yeux celui à qui l'on a donné la vie, que d'arroſer de ſes propres mains, une plante ſi chere, que d'écarter ſoi-même ce qui pourroit nuire à ſes progrès.

Arcas ſe lève chaque jour avec l'Aurore pour aller voir des arbres qu'il cultive; il les élague,

E 3

& il ôte lui-même avec toute l'attention possible, les insectes qui dévorent leurs feuilles, ou leurs fleurs, & ce même *Arcas* a des enfans qu'il ne voit jamais, & qu'il relégua à plus de cent lieues de sa maison. Ah ! sans doute, il est moins flatté d'être pere, que Jardinier.

Il faudroit au moins que les parens fissent élever leurs enfans dans des Colléges, qui fussent sous leurs yeux, afin de les voir de tems en tems, & d'entretenir par des visites réciproques, & la confiance & l'amour. Comment un fils privé de la présence de son pere pendant huit ou neuf ans, pourra-t-il l'aimer ? Notre conduite ressemble à celle des oiseaux, qui se séparent de leurs petits, quand ils commencent à vôler. Aussi ne tardent-ils point à ne plus se reconnoître.

On a beau s'écrire ; une lettre ne remplace jamais un abſent, & ſur-tout des parens dont les yeux mêmes & les moindres geſtes ſont auſſi attendriſſans, qu'inſtructifs. Tout parle dans un pere qui voit ſon fils, & qui l'aime. Je ſais qu'il y a des parens dont l'exemple ne peut être que préjudiciable à des enfans ; mais ma thèſe n'en eſt pas moins vraie. Les entrevues des peres & des maîtres produiſent les plus heureux effets ; outre qu'elles tiennent la Jeuneſſe en haleine, elles lui font prendre le pli qui convient, relativement à ſa fortune & à ſa condition.

Ce que je viens de dire ſur l'éducation n'a point de rapport à mon ſujet ; mais ce ſont des réfléxions que je cherchois à placer depuis long-tems, & qui ne trouveront point de contradicteurs, ſi l'on consulte la nature, l'expérience & la raison : mais l'homme, presque toujours entraîné par la routine ou par la mode, est ordinairement victime du préjugé.

Je reviens à ma thèse, & je soutiens que l'éducation qu'on donne en France, quoique n'étant point encore à sa perfection, a beaucoup contribué aux améliorations des écoles. Le Collége Thérésien à Vienne en Autriche, est à l'imitation de celui de la Flèche ; celui de Varsovie ressemble à celui de Juilly, & ceux de Rome ont beaucoup de rapport avec Mazarin, Harcourt, Lysieux, &c.

On y trouve cette aménité Française, incompatible avec la pédanterie; cette gaieté qui apprend, tout en riant, les choses les plus abstraites; & l'on y voit les maîtres & les disciples concourir dans la plus heureuse harmonie au bien commun. On y commande sans avoir l'air d'ordonner, on y obéit sans ramper, & chacun y remplit sa tâche uniquement par émulation, & comme on feroit une partie de plaisir. Les jeunes gens ainsi formés contractent insensiblement l'heureuse habitude d'être aussi enjoués, que communicatifs.

Les Traités d'étude, les Cours de Belles-Lettres composés récemment par des Auteurs Français, apprennent à l'étranger l'art d'étudier, & d'enseigner gaiement. Ne falloit-il pas être ridicule pour faire un supplice quotidien du travail, & c'est la méthode qu'on observoit en Hollande, en Allemagne, en France même, où l'on n'étudioit que pour accabler la mémoire, & pour fatiguer l'esprit. Plus les leçons étoient hérissées de difficultés, plus on les jugeoit savantes : l'usage imaginé depuis quelque tems, abrège, simplifie, & les Européens n'ont pu mieux faire que de l'adopter, au risque d'être un peu plus superficiels. Il est bien difficile de n'être pas pesant, quand on est si profond.

Notre siècle ne tient des Académies de bel-esprit, que pour brillanter les pensées, pour choisir les expressions, pour orner la raison. On a pensé sagement, que s'il falloit des hommes d'étude pour le Sanctuaire, pour le Barreau, pour le Cabinet, il en falloit de sémillans pour le commerce de la vie.

Les Savans font des *in-folio*, qu'on va consulter dans le besoin ; mais les hommes d'esprit savent tenir leur place à la Cour comme à la Ville, dans un cercle ainsi que dans un tête-à-tête. On les recherche, on les écoute, on les admire, on les cite.

Une nouvelle éducation a fait disparoître tout ce qui étoit gothique & pesant, & c'est une excellente méthode. On ne peut trop multiplier les personnes aimables. On ne connoît plus Horace pour le citer grammaticalement ; mais pour en prendre l'esprit, & pour s'en servir à propos. La meilleure manière de profiter des excellens Auteurs, est de s'identifier avec eux, & de s'approprier sans affectation comme sans afféterie, ce qu'ils ont dit de plus énergique & de plus agréable.

O mon siècle ! vous serez à jamais mémorable par l'heureuse révolution que vous avez excitée dans les écoles, lorsque vous y avez introduit une manière d'enseigner aussi attrayante qu'utile, lorsque vous avez débarassé les écoliers & les maîtres de mille questions épineuses & puériles tout-à-la-fois, qui offusquoient la raison & qui la dégradoient.

O peuple Français ! la postérité vous célèbrera comme ayant renouvelé l'Europe par un genre d'éducation qui ne donne plus d'aversion pour l'étude, & qui récrée l'esprit en même-tems qu'il le forme.

On trembloit autrefois en entrant dans une classe. On y voyoit un despote armé de férules & de verges, qui ne parloit que de punir, & qui répandoit une impression de terreur sur le petit peuple dont il étoit environné. J'atteste ici toutes les personnes d'un certain âge. Elles nous diront que leurs premières années, à raison de la sévérité de leurs Précepteurs & de leurs Régens, furent des jours d'effroi, qu'ils n'étudierent qu'avec répugnance, & qu'ils ne virent leurs maîtres qu'avec faisissement. Que les tems ont changé ! On ne punit presque plus : on conduit par l'honneur, plutôt que par le châtiment, quoique la coutume indécente & barbare, d'employer des verges pour corriger un solécisme, ne soit pas encore abolie. Il faut espèrer que le siècle ne finira pas, sans que cet usage ridicule soit supprimé. Les réformes ne se font que par gradation. C'est beaucoup d'avoir reprimé la pédanterie.

Que ne dirois-je point ici du Magasin des Enfans & des Adolescens (ouvrage autant utile que naïf) ainsi que des entretiens d'Eugène & d'Ariste, substitués aux Contes ridicules *de Cendrillon,* de *Barbe Bleue,* &c. &c ! Il n'y a pas de doute qu'on ne doive à notre éducation devenue si agréable & si facile, l'avantage de voir éclorre de toutes parts, & dans toutes les conditions des personnes éclairées. On a rédigé les sciences à des extraits si clairs & si précis, qu'on acquiert imperceptiblement des connoissances. Je sais qu'il en naît trop d'Auteurs, & qu'on a la manie de se faire imprimer aujourd'hui pour une légère Idylle, ou pour une simple Epître; mais de tout tems les abus furent à côté des bonnes choses; on ne coupe pas un arbre, parce qu'il pousse chaque année quelques rameaux inutiles, ou parce qu'il ne donne pas toujours également de bons fruits.

Je conviendrai néanmoins, en finissant ce Chapitre, que la dissipation fait un grand tort aux études, & qu'elles tombent dans les maisons même qui devroient les relever. Quand je loue les Dictionnaires & les extraits, je n'en fais l'éloge qu'à titre d'ouvrages qu'on doit consulter, & non comme des livres qui suffisent à notre instruction.

Ce ne sont pas les Européens seulement, qui pour l'éducation se sont modélés sur les Français: les Européennes ont aussi voulu copier Paris, dans la manière d'élever leurs filles.

On a soin d'appeller à Amsterdam, à Coppenhague, à Vienne, à Varsovie, à Pétersbourg, des gouvernantes Françaises qui stylent le sexe selon les coutumes & les modes du Royaume. Toute Comtesse Russe, toute Princesse Allemande connoît les rubriques de Paris; s'ajuste comme on s'y pare, a les mêmes tons qu'on y prend, lit les mêmes livres qu'on y lit, & parle comme on y converse.

Ce seroit peut-être ici le lieu

d'examiner si l'éducation qu'on donne aux Parisiennes, mérite réellement d'être aussi fidèlement copiée ; mais je me contenterai de dire (& toujours pour ne pas disserter) qu'en voulant trop mêler l'agréable à l'utile, on devient souvent frivole. Au reste, le sexe par sa condition n'étant destiné à aucune des fonctions qu'exercent les Ecclésiastiques, les Magistrats, les Militaires, les Financiers, &c. il suffit qu'il n'ait que des connoissances relatives à ses devoirs, & qu'il s'applique en conséquence à être plutôt modeste que savant, plutôt aimable qu'orateur. Ce qu'il y a de sûr, c'est qu'il plaira toujours, quand il ne sera que ce qu'il est, & qu'il deviendra encore plus intéressant, lorsqu'il joindra aux grâces qui lui sont naturelles, les agrémens d'un esprit orné.

J'ajoûterai que, sans vouloir imiter les Anglaifes, qui croient en préfence de leurs filles mêmes, devoir appeller chaque chofe par fon nom, jamais on n'élèvera les enfans avec fruit, qu'en leur laiffant une honnête liberté. Prefque tous ceux que j'ai vus fous la férule d'un pere ou d'une mere trop févère, ont commencé par être hypocrites, & fini par être extrêmement déréglés. C'eft un vin nouveau qui bouillonne dans fa force, qu'on veut contenir, & qui rompt tout ce qui s'oppofe à fon éruption. J'apperçois *Monrofe*, il remue à peine les levres, il a toujours les yeux baiffés, il rougit fi l'on éleve la voix; mais à peine a-t-il quitté la maifon paternelle, que ce n'eft plus lui-même. Son âme s'ouvre à tout ce qui peut l'avilir ou la corrompre.

CHAPITRE XIII.

Des Mœurs.

JE ne dirai point que les hommes du siècle sont assez généralement gouvernés par un sordide intérêt, que l'honneur s'altère comme la probité, que l'égoïsme est le systême à la mode, que la pudeur même n'est plus qu'un mot ; j'abandonne ce soin aux critiques & aux moralistes. Je ne veux même traiter des mœurs, qu'en les considérant comme des manières qui ne touchent que l'extérieur.

Par la raison qu'on est moins frappé dans ce siècle-ci, des vices que des ridicules, on prend beaucoup moins garde aux mœurs qu'aux manières. Ce sont elles qui composent le visage ; qui règlent le maintien, qui déterminent les logemens, les habits, les ameublemens, & qui donnent le ton de la société.

Or les manières Françaises, qui ne consistent souvent que dans des mines & des attitudes, sont devenues en partie celles des Européens. *Radegonde* est Allemande; mais elle a fréquenté des Français, & maintenant elle marche, elle rit, elle grasseye même comme eux, & ceux qui la voient par hasard, soutiennent affirmativement qu'elle est née à Paris.

La difficulté de changer la routine, étant ce qui coûte le plus, les Nations étrangeres n'ont pu se Franciser, sans beaucoup d'efforts. On diroit que *Babou* a pris dans Paris une autre physionomie, un autre caractère, tant il différe de ce qu'il étoit, & tant il est vrai, que la manière d'être, semble changer l'existence même.

C'est sans doute une chose curieuse & digne de toute notre attention, de voir comment des personnes de tout âge, de tout état, de tout pays, se sont réunies pour prendre l'air & le ton Français, & presqu'en même-tems, cette métamorphose n'ayant été l'ouvrage que de quelques années.

Doris est plus enchanté d'avoir copié les manières de Paris, plus charmé de ce qu'on le prend pour un Parisien, que de ses titres, que de deux-cent-mille florins de revenu dont il jouit. Il ne se repaît que de ce brillant avantage, présumant que tout le monde le considére, & qu'il est devenu le modèle du bon goût. Il est vrai (car il faut être sincere) qu'il excelle dans une partie bien intéressante; il se parfume avec des odeurs exquises, & il danse avec la plus grande légèreté.

Quel prodige s'offre à ma vue! *Silphine*, si ennemie des Français, qui n'entendoit prononcer leur nom qu'avec frémissement, qui détournoit la tête pour ne pas voir les gentillesses & les modes de Paris, *Silphine* vient de s'enflammer pour l'agréable Comte de *Melmont*, & déja elle publie qu'on n'existe réellement que lorsqu'on vit à la Françaife, & elle demande pardon au siècle, à l'univers, de l'avoir ignoré jusqu'alors.

Il est vrai que moyennant des manières élégantes, on a le talent d'intéresser une société, & de mettre en usage mille petits riens qui donnent un nouvel être. Les Danois ne sont pas reconnoissables, depuis que Paris règle leurs goûts & leurs plaisirs. C'est une résurrection, disons mieux, une véritable création. Admirez *Dorine*, elle est si esclave des modes de Paris, quoiqu'elle existe au fond du Nord, qu'elle ne veut plus que des Laquais Français, & qu'elle a des vapeurs uniquement pour paroître Parisienne; elle consentiroit même à mourir tout-à-l'heure, s'il y avoit une manière de mourir à la Française, & qui lui fût connue.

CHAPITRE XIV.

Du Luxe.

Si l'on entend par le luxe cette somptuosité massive qui ne fait qu'azurer & dorer, & dépenser avec profusion, les Européens ne doivent pas aux Français la gloire d'avoir réussi dans cette partie; si au contraire il est question d'agrémens, de gentillesses, de commodités, & même de magnificence, ils en sont redevables, & aux Parisiens & aux Lyonnois. Ils leur donnerent commission de les meubler & de les habiller, & jamais commission ne fut mieux exécutée.

Je vois leurs Palais ornés de damas à trois couleurs, qui se fabriquent à Tours & à Lyon;

de tapisseries qui se font aux Gobelins, & je lis sur leurs murs, que la France est la source des beaux ameublemens.

Je ne discuterai point ici les avantages du luxe & ses inconvéniens; ce n'est pas mon objet. Je laisserai dire aux uns qu'il est la cause de tous les malheurs; aux autres, qu'il est l'ame & le ressort des Monarchies; & pendant qu'ils disputeront, je dormirai, ne me réveillant que pour faire observer que l'Europe sans l'élégance Française, restoit gothique, & demeuroit ensévelie sous son or, & qu'en contractant l'heureuse habitude de dépenser à propos & avec goût, elle est sortie de sa léthargie, & l'agréable s'est mêlé à l'utile pour rendre la vie douce & commode.

On étoit autrefois dans le sein même des richesses, comme Tantale

tale au milieu des eaux. On avoit du bien, & l'on ne savoit pas en jouir.

Ridamis a appellé les Peintres, les Sculpteurs, les Architectes, & il leur a dit : venez, mes amis, me bâtir un Palais, orner des salles, décorer des jardins; ensuite il a mis tout le pays à contribution, pour se procurer ce qu'il appelle son bien-être, & l'on a vu les choses les plus rares & les plus exquises, satisfaire ses goûts, contenter ses caprices, & on l'a vu lui-même rassembler la meilleure compagnie, partager enfin ses plaisirs avec des convives aimables; & *Ridamis* est devenu l'Idole de la France, & le modèle de l'Europe entière.

C'est en un mot d'après lui qu'on a reconnu que l'or entassé n'a pas plus d'utilité que des pierres; qu'il n'est agréable qu'en se déployant

F

sur des tables, sur des équipages, sur des habits; qu'en se répandant chez les ouvriers & les malheureux; qu'en devenant une occasion de jouir.

Déja je vois un jeune Moscovite renverser le Château de ses pères pour ne pas se renfermer dans une triste prison; déja une nouvelle habitation s'élève sur les débris de l'ancienne, & chacun l'admire comme une merveille du dix-huitième siècle.

Des Villes entières se réparent, prennent un air d'élégance & de propreté, captivent l'œil des curieux; des routes s'alignent, & les plus beaux chemins se métamorphosent en avenues, & rendent hommage au génie Français. Il a réalisé des merveilles qu'on ne lisoit que dans l'histoire des Fées.

On ne se perd plus dans la plume pour repofer, on ne fe brûle plus pour fe chauffer, on ne s'enivre plus pour fe défaltérer, on ne s'habille plus pour fe ridiculifer. Les lits, les cheminées, les tables, les habits, tout a pris un air élégant, tout eft devenu commode, tout annonce l'ordre des dépenfes, & des proportions.

Ce n'eft plus un luxe bifarre, qui comme un vernis éblouiffant ne décore que l'extérieur ; mais un luxe raifonnable qui donne aux veftibules comme aux fallons ; aux jardins, comme aux parterres ; aux domeftiques, comme aux maîtres, de la décence & de l'agrément. Cet efprit d'ordre qui ne brilloit qu'à Paris, cet efprit qui n'embellit point un appartement aux dépens d'un autre, & qui s'étend fur tout, s'introduit infenfiblement dans les différens pays, & en fait un nouveau monde.

Les Européens, pour donner tout au faste, ne donnoient rien aux commodités de la vie. On voyoit dans leur manière de dépenser, les contrastes les plus révoltans. On négligeoit les besoins, pour satisfaire à des superfluités ; & au-lieu d'évaluer les choses, & de les proportionner, on savoit perdre, & l'on ne savoit pas dépenser.

Filimon étale une magnificence qui éblouit les yeux, roule dans l'équipage le plus pompeux, boit le vin le plus exquis, savoure les mêts les plus fins ; mais il a une livrée qui le déshonore, par sa malpropreté ; & je reconnois à ces traits, que *Filimon* est un habitant du Nord, qui n'a point encore pris le ton Français ; mais qui ne tardera point à le prendre, parce qu'il commence à se façonner.

Les Français font au moment de guérir l'Italien de la ridicule manie de ne point fouper, & de très-mal dîner, pour nourrir, à fa place, des multitudes de chevaux & de valets : ils font fur le point d'apprendre aux Polonais, qu'il vaut beaucoup mieux avoir un Palais moins doré, & y avoir des lits qu'on puiffe offrir aux étrangers.

Le luxe eft répandu de toutes parts ; les femmes de la Floride fe mettent depuis long-tems du bleu & des boules de verre, comme nos femmes du rouge & des diamans ; mais le luxe bien entendu eft l'ouvrage des Français. On voit au premier coup-d'œil, qu'on y connoît l'art de dépenfer à propos. Un Seigneur ne craint point en France de promener les regards de ceux qui le vifitent, fur tout ce qui ne paroît pas. Il vous conduit lui-même jufques dans les plus petits retranchemens de sa maison, & loin d'y voir la misère, ou la mal-propreté masquées sous un air d'opulence, vous n'y appercevez que de l'élégance & du goût.

Ce luxe est sans doute souvent poussé trop loin, & il en résulte des banqueroutes énormes & beaucoup d'indigence ; mais dans une Monarchie, que deviendront sans le luxe, le Commerce, la Société, les Arts, les Sciences même. C'est lui qui a renouvelé l'Europe, qui couvre les Mers de Navigateurs, qui donne aux différens états de l'élasticité. Chaque chose a deux faces : mais envisagerons nous celle qui est la plus désagréable pour nous attrister ; ce n'est pas mon avis, & je présume, lecteurs, que ce n'est pas le vôtre.

CHAPITRE XV.

De la Réputation.

Quand le mérite est le véhicule de la réputation, elle se soutient malgré l'envie; au-lieu qu'elle s'altere tôt ou tard, quand elle n'a pour base que le crédit, ou l'opinion.

La réputation des Français ne fut pas toujours la même. Dans le tems où presque toute l'Europe étoit grave & silencieuse, ils passoient pour étourdis; aujourd'hui qu'on se déride, & qu'on parle, ils ont le renom d'être élégans. Il n'y a pas jusqu'à leurs défauts que les Européens n'excusent, & il faut avouer qu'à raison de leurs gentillesses, & de leur vivacité, ils ont tant d'avantages auprès du beau sexe, qu'on ne doit point en être surpris.

Il me semble que je les entends dire à la Renommée : partez, rapide messagere, partez pour porter notre nom dans tous les climats. Allez apprendre aux Provinces, aux Républiques, aux Empires, combien les Français sont élégans dans leurs manières, sémillans dans leurs propos, vifs dans leurs plaisirs, intéressans dans leurs chagrins même, sociables dans le commerce de la vie.

Allez annoncer quelle est leur délicatesse sur le choix des choses, & quel est leur goût sur leur qualité. Murmurez sur-tout leur éloge aux oreilles des jolies femmes, & de celles qui sont qualifiées. C'est un monde qu'il faut avoir pour soi, si l'on veut réussir. Allez leur dire que personne n'est aussi capable que nous de varier les plaisirs, & de les brillanter.

Malgré tant d'avantages, on ne peut se dissimuler que les Français eûrent de grands ennemis à vaincre, & ce fûrent leurs agrémens mêmes qui leur attirerent des querelles & des haînes; l'Anglais sur-tout ne leur pardonnoit pas leurs manières aisées, leurs propos badins, leur air persiffleur, non plus que leur légèreté; mais le Français dit, pour se justifier, qu'il ne varie que sur le Chapitre des modes, & qu'il vaut mieux avoir quelques nuances d'étourderie, qu'une humeur lugubre qui attriste & qui effarouche.

C'est une vieille querelle que je leur laisse à vuider, & je dis d'après ces reproches mutuels, qu'il en est de la réputation des peuples, comme de celle des particuliers, qu'elle ne dépend que trop souvent de l'opinion.

Ce qu'il y a de sûr, c'est que je défie qu'on cite un homme en place, un Auteur, une Nation dont on ne dise & du bien & du mal.

Volsin est un écrivain merveilleux, s'écrie toute une société ; le siècle lui doit ses lumières, sa juste manière de penser ; il surpasse par son génie comme par l'universalité de ses connoissances, tous ceux qui l'ont précédé, & l'on ne peut trop le louer, & trop l'admirer.

Je ne fais que passer dans un autre cercle, & ce *Volsin* est un monstre qu'on devroit étouffer, qui n'a ni foi, ni mœurs, ni loi ; un plagiaire dont l'esprit n'est qu'un météore, le génie qu'une simple vapeur. Alors je me replie sur moi-même, & je dis que sont donc les hommes, & qu'est-ce donc que la réputation ?

Cependant il a fallu que le Français eût singulièrement le talent de plaire & d'intéresser, pour se voir si fidèlement copié par les Etrangers. Je les vois esclaves de sa manière d'écrire, de parler, au point de vouloir être absolument tout ce qu'il est dans son extérieur. Aussi dit-il en plaisantant, *qu'on me critique tant qu'on voudra, pourvu qu'on m'imite.*

C'est sur la réputation des Français qu'on accourt des extrémités du monde pour les visiter, & qu'on fait venir de chez eux à grands frais, Cuisiniers, Valets-de-chambre, Chirurgiens, Précepteurs, Gouverneurs, pour nourrir, servir, guérir, éduquer, accompagner les habitans du Nord, & du Midi, tant il est vrai que, *bonne rénommée vaut mieux que ceinture dorée.*

CHAPITRE XVI.

Des Voyages.

LES grands hommes de l'Antiquité, dit un écrivain Moderne, ont jugé qu'il n'y avoit pas de meilleure école de la vie, que celle des voyages, école où l'on apprend les différentes manières de vivre, où l'on trouve sans cesse quelque nouvelle leçon dans le grand livre du monde, & où le changement d'air joint à l'exercice, est profitable au corps & à l'esprit.

L'Europe sans les voyages ne seroit sûrement pas ce qu'elle est. La culture des Nations exige autre chose que des lettres pour acquérir des connoissances, des manières, & sur-tout du goût. Ce n'est qu'en se fréquentant, qu'on se communique des idées, qu'on se réforme, & qu'on se perfectionne.

Les Souverains se pénétrèrent de cette vérité, en faisant ouvrir des routes dans leurs Etats. On sait combien les Romains s'appliquèrent à ce genre d'administration aussi utile qu'agréable, & combien Louis XV dans ces derniers tems, a rendu la France communicative par des ponts & des chemins qui l'immortalisent; ce que l'impératrice Reine de Hongrie a sagement imité, sur-tout dans l'Autriche & dans la Moravie.

Ainsi l'on n'est plus arrêté comme autrefois par la difficulté des routes. Il n'y a point d'endroit où la Poste ne pénètre, & où l'on ne rencontre des multitudes de voyageurs qui rendent les Campagnes presqu'aussi fréquentées que les Villes mêmes. Les uns vont de Lyon à Hambourg, les autres de Nantes à Riga, comme on va de Pontoise à Rouen.

Les Anglais, sous Charles I, les Polonais, sous Sigismond III, commencerent à prendre l'essor, à imiter les Français dans leur mobilité. On les vit se répandre dans les Cours & dans les Capitales avec un crayon à la main, & prendre une note exacte des monumens; mais insensiblement on observa que cette méthode, toute bonne qu'elle est, ne suffisoit pas, & qu'il falloit encore plus s'attacher à examiner les usages & les mœurs.

Il n'est pas douteux que la Jeunesse, toujours plus portée à imiter des défauts que des vertus, n'ait souvent altéré dans les voyages son innocence & sa candeur; mais il en résulte un bien général, l'avantage de s'inftruire & de fe civilifer.

Bien-tôt des Français débouchèrent à Drefde, à Berlin, à Varfovie, à Stockolm, & y porterent les manières & le goût de la Nation. On fe plut à les écouter (le Français parle joliment), & leurs façons encore plus que leur favoir, opérèrent des métamorphofes. On leur paffa fouvent des impérities en faveur de leur amabilité ; car il faut avouer, que fe confiant trop à leur propre efprit, ils ne s'inftruifent pas affez de ce qui concerne la Phyfique, l'Hiftoire, la Géographie ; mais ils acquierent en voyageant.

Un peuple n'eft j'amais bien merveilleux, lorfqu'il refte ifolé. Il faut néceffairement qu'il fe répande chez fes voifins, ou qu'on fe répande chez lui, s'il veut s'inftruire & fe maniérer. L'Anglais, quoiqu'idolâtre de ses mœurs, de son gouvernement, de son pays, vient souvent mêler ses usages à ceux des Français ; & très-certainement, ce n'est pas la sympathie qui l'y engage : mais il sent le besoin qu'ont les Nations de se visiter réciproquement.

Quel agréable spectacle que cette affluence d'Etrangers qui voyagent pour se connoître, qui rapprochent leurs mœurs pour s'éclairer, leurs inclinations, pour se former. Je me les représente, se donnant parole de participer aux coutumes de chaque pays, se faisant tous une loi de prendre pour modèle la Nation la plus agréable & la mieux civilisée.

Je vois les uns, traverser les riantes Campagnes de la Silésie ; les autres, gravir avec un courage à toute épreuve les fières montagnes des Alpes & des Pyrenées; je découvre ceux-ci sur les bords tumultueux de la Tamise; j'apperçois ceux-là sur les rives du Rhin, ce fleuve si souvent grossi du sang de Héros: je les vois tous arriver en foule à Paris, comme dans le centre du monde, comme dans la Capitale de l'Univers, & s'y fixer le plus long-tems qu'ils pourront, afin de profiter de tout ce qui frappera leurs oreilles & leurs yeux. Rien de plus flatteur pour les Français.

Il me semble entendre les Parisiens dire à tous les Peuples: accourez, nos Cités vous sont ouvertes comme nos cœurs, la France est la patrie de toutes les Nations. Par la douceur de son gouvernement, par la suavité de ses mœurs, chaque étranger peut s'y regarder comme chez soi. Si vous aimez la gravité, malgré notre goût pour la frivolité, vous trouverez des Sages; si vous aimez les Sciences, malgré notre légéreté, vous rencontrerez des Savans. Nous ne sommes pas sans défauts ; mais nous ne sommes pas sans vertus, quoique le siècle les ait singulièrement altérées.

On multiplie son être lorsqu'on voyage, disoit le Cardinal Quérini, qui ne se lasse point de vanter la France dans ses écrits, au-lieu qu'on n'est qu'un quart de soi-même, quand on vit isolé. La diversité des Nations & des climats, réveille l'âme, & l'étend. On diroit qu'elle s'aggrandit à mesure qu'elle découvre de nouveaux pays, d'autant mieux qu'elle n'a pas été faite pour être resserrée.

Que de petitesses & de préjugés chez l'homme qui n'a vu que lui-même, à moins qu'il n'ait beaucoup lu ! On les secoue à mesure qu'on visite différens peuples. Alors rien n'étonne ; mais il ne faut pas voyager en Marin. Le Navigateur fait le tour du monde, en ne voyant que des bancs de sable, que des rochers, que des hommes sauvages, que des étoiles, que des flots. Si l'on ne pénètre dans les terres & dans le cœur des Empires, on est dans le cas de ne rien connoître.

Plaignons ici ceux qui ne voyagent que mécaniquement ; qui ne passent d'une Ville à l'autre, que pour se livrer à l'impétuosité de leurs desirs, ou pour se fuir ; qui n'entrent chez un Libraire que pour acheter un mauvais Roman, ou qui n'ont jamais lu qu'un livre de poste.

Laissez passer *Lindor*, qui déja fend la presse au risque d'écraser quiconque se trouve sur son passage. Il harcele les chevaux, il veut tuer les poſtillons, il ne ſait à qui s'en prendre, tant il ſe hâte de courir & d'arriver. N'a-t-il pas raiſon ? il s'agit de ſe rendre à Paris, pour aller ſe ruiner dans un tripot, ou bâiller tout le jour dans un caffé.

Il ſeroit à déſirer qu'un père éclairé pût lui-même accompagner ſon fils dans les différens climats, & l'appliquer à la connoiſſance des hommes, de l'Hiſtoire Naturelle & de l'Antiquité... Mais les affaires, la dépenſe, les infirmités, enfin la mort, autant d'obſtacles. La vie eſt trop courte & trop embarraſſée, pour qu'un père & qu'un fils puiſſent aiſément s'expatrier.

Gaieté Françaiſe, à mon ſecours. Je ſens d'après cette réflexion que les nuits d'Young (ces belles horreurs) viendroient m'inveſtir.

Un Auteur, ſoit Allemand,

soit Anglais, lorsqu'il voyage, ne fait pas à beaucoup près la même impression qu'un Ecrivain Français. Il est ordinairement taciturne, méditatif, & le public, surtout le sexe, désire avec raison qu'un Philosophe se communique, qu'un Poëte s'annonce par des vers, &c.

Je veux qu'un Savant, né en France, soit original par caractère ou par ton, il reviendra tôt ou tard à la gaieté. C'est un goût de terroir qui ne se perd jamais. Qu'on juge d'après cela si les Auteurs Français doivent faire des Prosélytes, quand ils voyagent. Chacun s'efforce de les fêter, de les copier, & la moindre production qu'ils laissent échapper, ne fut-ce qu'un quatrain, fait la plus vive sensation.

C'est ainsi que par les voyages, la France a beaucoup gagné sur les esprits, & principalement lorsque Louis XV, d'heureuse mémoire, désirant reculer les limites de nos connoissances pour les étendre autant qu'il pourroit, envoya dans les Régions les plus éloignées des hommes Savans qui franchirent d'un vol rapide des espaces ignorés, & qui parvinrent à des découvertes que nos pères n'avoient pas même soupçonnées.

Cependant les Français, petits-maîtres, ont plus contribué à la métamorphose des Européens, que les Savans. A peine arrivent-ils dans une Ville, qu'ils remuent tous les ménages & tous les cœurs, & qu'on ne parle que de leurs manières lestes, & de leur sémillante gaieté. Ils rendent prodigues les avares, les prudes élégantes, ils font danser des personnages qui ne pouvoient se mouvoir, rire des hommes qui ne favoient que s'attrifter, raifonner enfin des automates.

Je me fouviens d'avoir vu de petites Villes en Allemagne, où par leurs bons foins, il ne reftoit prefqu'aucune trace des mœurs Allemandes. Tout avoit pris l'air & le ton Français. On converfoit, on rioit, on chantoit, & il n'y avoit rien qui n'infpirât la gaieté.

Peuple Chinois, fouvent je m'occupe de votre induftrie, fouvent je réfléchis fur la fageffe de vos loix, fouvent je vous admire; mais pourquoi fermer votre Empire aux différentes Nations qui voudroient vous vifiter ? Rompez les digues qui nous féparent de vous, abbatez vos murs, vos fortereffes même, fi ce font des boulevards pour vous rendre incommunicatifs. Craignez-vous de n'être plus vertueux, quand vous aurez reçu des Etrangers dans votre sein ? mais votre vertu est donc bien fragile, & vous êtes bien foibles vous-mêmes. Pensez-vous qu'on ne peut rien vous porter qui soit digne de vos desirs, & qu'il n'y a que vous dans l'Univers qui méritez le nom de sages? mais ce seroit une extravagante présomption ; je n'ose vous soupçonner d'un pareil orgueil.

Le Français vous apprendra, me direz-vous, à être plus élégant & plus enjoué. Eh ! quel mal y aura-t-il ? est-ce donc un bien de passer la vie à s'ennuyer, à ignorer les douceurs & les agrémens de la société. Vous ne serez vraiment Lettrés à mes yeux, que lorsque vous connoîtrez l'art de vous communiquer, & que vous le réduirez en pratique,

Eh !

Eh ! qu'importe au public que vous analyſiez la terre & les cieux, que vous faſſiez remonter votre origine à plus de trois-mille ſiècles, ſi vous mettez votre gloire à vous iſoler du reſte des humains.

Eh ! ſi le ſoleil étoit comme vous, il replieroit ſes rayons ſur lui-même, & jamais vous ne ſentiriez ſon influence & ſes bienfaits. N'étoit-ce donc pas aſſez d'avoir une chronologie à part, ſans vouloir encore vous diſtinguer par une inſociabilité qui nous révolte ? Ou vous êtes des hommes, & dès lors vous devez vous communiquer, ou vous êtes des Dieux, & en ce cas il faut nous le prouver.

Ces remontrances ſans doute ſont inutiles, & ce livre ne vous ſera jamais connu ; mais j'ai penſé que ſi j'avois, il y a quelques années, adreſſé *des lettres à une illuſtre morte*, je pouvois bien parler à des Chinois. Je n'aurai sûrement réponse, ni de part ni d'autre ; mais je me suis satisfait : ici j'ai vengé les droits de la société, & là j'avois revendiqué ceux de l'amitié.

CHAPITRE XVII.

Des Lectures.

DISTINGUONS entre Lecteurs & Liseurs. Les premiers approfondissent un ouvrage, en profitent, & ne s'appliquent qu'à des choses utiles ; les seconds prennent à tort & à travers tout livre qui leur tombe sous la main, & le parcourent sans discernement, comme sans réflexion.

Zator à l'affut de tous les écrits qui paroissent, n'en laisse échapper aucun, il s'en nourrit, il s'en rassasie, & il en a des indigestions, au point que le sacré, comme le profane, que la prose comme la poësie, que la morale comme la physique, que la louange comme la satyre, forment dans son esprit la plus étrange disparité. Jamais il ne prend le sens de l'Auteur, & pour comble de disgrace, il est un parleur impitoyable, qui converse aussi mal qu'il lit.

Je ne prétends pas qu'on doive s'appesantir sur tous les ouvrages de manière à les étudier; quoiqu'il y en ait de cette nature, le plus grand nombre n'exige qu'une simple attention. Le siècle, en produisant une immensité de livres superficiels, nous a dispensés d'une trop forte application, & c'est par ces lectures rapides que l'Europe s'est mise au courant de nos brochures, de nos bagatelles, de nos jolis riens.

Lire à la Française, c'est parcourir un *in-douze* dans la journée; lire au contraire à l'Anglaise, c'est l'étudier tout un mois. Si le Français ne s'expédioit promptement, lorsqu'il lit, un ouvrage vieilliroit entre ses mains, attendu qu'à tout instant il en paroît de nouveaux; & d'ailleurs comment pourroit-il suffire à parcourir toutes les brochures qui se succèdent? Aussi pour ne pas demeurer en retard, saisit-il tous les momens qui se présentent. Il lit pendant qu'on le papillote, pendant qu'il se promène, quelquefois pendant qu'il dîne, & presque toujours quand il s'endort.

Cet amour excessif pour la lecture a causé plus d'un mal. Outre qu'il a excité plusieurs Ecrivains à composer des ouvrages dangereux, il a rendu la plupart des lecteurs dédaigneux, tranchans & critiques. Aujourd'hui que chacun lit, observe un Auteur très-estimé, & qu'on met tout en usage pour être à peu de frais spirituel & brillant, ce n'est pas pour s'instruire qu'on prend un livre ; mais pour censurer & pour persiffler, de sorte qu'il n'y a point d'ouvrage qui puisse tenir contre cette amere disposition de la plupart des liseurs.

Nous vivons dans un siècle très-agréable, il faut en convenir ; mais digne d'animadversion par la licence que chacun s'y donne de juger impitoyablement les Auteurs selon son caprice, & suivant sa prévention. Les jeunes gens les plus volages, s'érigent en censeurs des savans même ; & ce qu'il y a de plus bifarre, c'est qu'on exalte ou qu'on rabaisse les ouvrages, souvent sans les avoir compris, & qu'on s'imagine avoir prodigieusement des connoissances & de l'esprit, lorsqu'on a persifflé quelque Auteur qui déplaît ; comme si le talent de railler valoit celui de raisonner.

Turlet en uniforme, en frifure élégante, s'écoute, s'applaudit, & c'est pour donner un ridicule à un Auteur qu'il n'a jamais lu, & qu'il ne feroit pas en état de comprendre; mais qui lui est odieux, uniquement parce qu'il revendique les droits de la religion & de la raifon. Il faut avouer que *Turlet* a bien du courage, s'il furvit à la peine que cela doit lui caufer, & qu'un auteur est bien téméraire de lui avoir donné tant de chagrin.

Bafas, au contraire, d'un air Philofophe & du ton le plus pédant, profere trente mots dans l'efpace d'une demi-heure pour annoncer enfin qu'il n'y a de bons livres que ceux qui font à faire, que Mr. de Buffon lui-même est trop fuperficiel, & Mr. d'Alembert trop fec. Eh! pourquoi *Bafas* a-t-il jamais lu, puisqu'il lit aussi mal?

Il est très-difficile de se désintéresser quand on ouvre un livre, au point de laisser à l'écart tout esprit d'impartialité. A-t-on quelque prévention contre l'Auteur dont on lit les écrits, on ne cherche que des traits dignes d'être critiqués.

Le plus sévère Censeur d'un ouvrage, disoit Fénelon, est ordinairement celui qui ne sait rien; mais on croit être au-dessus d'un Ecrivain, par la raison qu'on le méprise, & qu'on n'a pas l'esprit de l'admirer. Heureusement le public n'ignore plus que le persifflage, & la raillerie sont le langage ordinaire des ignorans.

Il est sans doute à propos qu'il y ait des livres sublimes, & encore plus qu'il y en ait de médiocres, par la raison que le plus grand nombre ne comprend pas un ouvrage, lorsqu'il est trop profond ou trop relevé; mais les personnages qui affectent de paroître hommes de génie, n'en veulent pas convenir.

Nos livres de toute espèce ont beaucoup hâté la révolution qui fait le sujet de cet ouvrage. Ces gens qui écrivent si agréablement, & sur tant de jolis sujets, ont dit les Européens, doivent être eux-mêmes très-agréables, & nous ne pouvons mieux faire que de les copier.

Dès-lors le Russe a pris la plume, ainsi que le Suédois, & l'on a vu sortir de leurs mains des livres calqués sur ceux qu'on imprime à Paris. Mille fois les Polonais ont quitté leurs livres pour parcourir des ouvrages Français, & des Palatines elles-mêmes, aussi spirituelles, que jolies, ont dit avec ingénuité, *nous ne lirions point, si les Parisiens ne nous envoyoient leurs livres. C'est une forêt à parcourir, qu'un livre Allemand, ou Sarmate ; & au contraire, c'est un agréable parterre qu'un livre Français.* Aussi peut-on assurer que les Bibliothèques étrangeres, si l'on excepte celles qui sont publiques & immensement volumineuses, sont presque toutes Françaises. On y trouve les productions à la mode, reliées de manière à annoncer qu'elles viennent réellement de Paris, & qu'elles en ont les agrémens.

CHAPITRE XVIII.

Des Brochures.

CES pièces Fugitives qui s'impriment à la hâte, qu'on ne se donne pas le tems de faire relier, qui passent rapidement de main en main, qui traitent des sujets quelquefois sérieux, plus souvent futiles, sont ordinairement l'enseigne du bel-esprit, & l'emblême de la légereté.

C'est-là qu'on découvre combien l'esprit des Français est agréable & fécond, comment leur gaieté pétille & se diversifie, & c'est ce qu'on nomme brochures.

Le siècle, aussi sémillant que superficiel, s'en accommode beaucoup mieux que des ouvrages solides, & par cette raison, *Candide*, *l'Ingenu*, *la Princesse de Babylone*, courent de ville en ville sans qu'on puisse les arrêter.

Ce fut sans doute un phénomène aux yeux d'un Allemand accoutumé à la lecture des *in-folio*, lorsqu'il apperçut pour la première fois une brochure de quelques pages où l'on parloit de tout, & ou les matières les plus abstraites & les plus imposantes, prenoient un air d'agrément & de légèreté.

Crops apperçoit un livret qui lui paroît une feuille volante, & sa gravité qui s'annonce par une énorme perruque, par d'amples lunettes, se révolte à mesure qu'il lit, jusqu'à ce qu'une plaisanterie fine & saillante venant enfin à l'arracher à lui-même, il éclate de rire, & prononce que les folies Françaises ne déparent point la sagesse, & qu'il est impossible de ne pas s'en amuser.

Si l'on recule de quelques pas à la première lecture des brochures Parisiennes, bientôt on s'accoutume à ce genre d'écrire. On trouve qu'il est commode de parcourir un livre dans l'espace d'une matinée, & que la méthode d'épuiser un sujet n'est pas toujours la meilleure.

Il est étonnant combien les fines Critiques, les jolis Contes, les petites Comédies se répandirent chez l'Etranger. On en demandoit à Berlin, à Basle, à Coppenhague, à Londres, à Moscou, & chaque Européen qui quittoit Paris, retournoit dans sa patrie chargé des Brochures les plus récentes. Il en garnissoit ses malles, ses poches, sa voiture, charmé d'avoir des échantillons du génie Français, & de pouvoir le produire aux yeux de ses compatriotes. O Ciel, que c'est joli! s'écrioient-ils à chaque page ! quelle délicatesse ! quel coloris !

Les femmes, naturellement jalouses de parler de tout, & à tout propos, sans qu'il leur en coûte beaucoup de travail, accueillirent les Brochures avec transport. Elles s'y reconnurent souvent, il est vrai ; mais comme elles ne haïssent rien tant que l'indifférence, & qu'elles aimeroient encore mieux qu'on dît du mal d'elles que de n'en rien dire, elles rirent volontiers de ce qui les concernoit.

Le sexe d'ailleurs n'a pas la vanité qu'on lui prête. Excepté quelques bégueules qui veulent toujours qu'on les loue, il ne s'accommode pas d'un éloge continuel, d'autant mieux qu'il ne peut ignorer que chaque personne a des défauts.

Voilà donc les Européens lisant avidement nos Brochures, &

prenant, tout en se moquant de nous, notre style, notre langage, notre ton; car il est facile de se persuader qu'un écrit qu'on dévore, passe insensiblement dans l'esprit & dans le cœur. On est souvent étonné de se trouver avec une nouvelle manière de penser, & c'est à la lecture qu'on doit cette métamorphose.

Ainsi les Etrangers ne se bornèrent pas à parcourir les facéties Parisiennes, ils voulurent encore les imiter, & l'on vit, comme je l'ai déja dit, sortir de leur esprit quelques agréables Brochures.

Les Italiens employerent toujours, il est vrai, des Ecrits fugitifs à dessein d'électriser les esprits, & de les égayer; mais leur langue, toute insinuante qu'elle est, n'étant point d'un usage universel, comme la Française, leurs Brochures sortirent rarement de l'Italie.

D'ailleurs la mode a voulu qu'il n'y eût que des ouvrages émanés de Paris, qui fuſſent généralement lus, & l'on ſait combien elle eſt abſolue.

Les productions du célèbre Algarotti ſont bien moins connues par elles mêmes, que par leur traduction. On achete une Brochure Françaiſe ſur le ſimple titre qui eſt preſque toujours attrayant. C'eſt un ſpectacle de voir tous les jours au Palais Royal une foule d'Etrangers qui ne ceſſent de demander aux Libraires, *y a-t-il quelque choſe de neuf*? & qui ſur l'affirmative achetent avidement une brochure ſans ſavoir même ni ce qu'elle dit, ni comment elle eſt écrite.

Si l'on parle maintenant des expreſſions toutes gentilles, des phraſes coloriées, des portraits ſaillans, du ſtyle en découpure;

que de motifs pour qu'on préfere une Brochure Française à tout autre ouvrage! Les passions y sont joliment gazées, les mœurs finement critiquées. C'est un porte-feuille où l'on voit les plus riantes miniatures, un verre à facettes qui multiplie les objets, une lunette qui les rapproche, un microscope qui les grossit, un optique qui leur donne du relief.

Et tous les mois, que dis-je? tous les jours, la fécondité des Français engendre ces productions, au point qu'elles sont mises au rebut, dès qu'elles datent seulement d'une demi-année. Il y en a même qu'une semaine voit éclore & mourir, comme il y en a qui paroissent beaucoup dire, & qui ne disent rien: mais qu'importe? on n'y cherche que la nouveauté ou la singularité; car c'est aujourd'hui ce qui rend une brochure piquante, fur-tout fi l'on vient à la prohiber. La défenfe étant un affaifonnement, alors tout le monde eft en l'air, alors le livre fe vend au poids de l'or, fe réimprime où l'on peut, & l'Europe le voit pulluler de toutes parts.

Faites en forte, Monfieur, que votre ouvrage foit défendu, fitôt qu'il paroîtra, difoit un Libraire à un Auteur, *& je paierai cherement le manufcrit.*

Rien n'eft comparable à la joie d'un Etranger qui achete clandeftinement une Brochure. Ce n'eft fouvent qu'un amas de rapfodies & d'obfcénités ; mais n'importe, cela fe paye très-cher, & conféquemment cela doit être excellent. C'eft ainfi qu'un Etranger raifonne, & que les Brochures, même les plus pitoyables, pénètrent jufqu'à

Edimbourg, jufqu'à Dublin, jufqu'à Bofton.

Si nous n'avions pas de tems en tems, des Libelles à débiter, difoit un Hollandais, *il faudroit renoncer à la Librairie. Le monde eft heureufement rempli de fots & détourdis, qui croient tous les menfonges imprimés.* Auffi un Imprimeur étranger confeilloit-il gravement à un Auteur qui lui demandoit dans quel genre il devoit écrire pour fubfifter, *de fatyrifer.*

Concluons d'après ces obfervations, que les mauvaifes Brochures comme les bonnes, ont également contribué à répandre l'efprit des Français chez les différens peuples, ou du moins à les familiarifer avec leur langue.

Les Etrangers, accoutumés à voir fur toutes les toilettes, & fur toutes les cheminées de Paris, la Brochure du jour, ont voulu fuivre le même exemple ; & ce qu'il y a de fâcheux, c'est que, pour se mettre à la mode, ils choisissent de préférence tout ouvrage qui égratigne la religon ou les mœurs?

Orgon arrive du fond de la Croatie, n'ayant jamais lu une seule page, & prêt à demander ce que c'est qu'un livre, parce qu'il n'en connoît pas, lorsque l'air de Paris lui inspire le goût des Brochures. Déja il en est investi, & il ne peut plus vivre qu'il ne lise, & quand il retournera chez lui, il ne sera plus un Automate ; mais un homme intéressant dans la société, utile aux autres, & à lui-même, parce qu'il a fréquenté des Français, parce qu'il a connu leurs productions, & qu'il a su les apprécier.

CHAPITRE XIX.

De l'Imprimerie.

JE ne dirai point ici que l'Imprimerie naquit au milieu du quinzième siècle, ni qu'elle a trop fait de bien pour qu'on en dise du mal, ni qu'elle a trop fait de mal pour qu'on en dise du bien ; mais j'assurerai qu'elle a étonnamment servi à franciser l'Europe.

Depuis que les Etienne, les Cramoisy, les Manuce, les Morel firent sortir de leurs presses les plus magnifiques éditions, les Français se distinguèrent toujours dans cet Art, & c'est en les prenant pour modèles, que des Imprimeurs à Coppenhague, à Varsovie, à Vienne, à Londres, à Breslau, &c. travaillent presque aussi bien qu'à Paris.

Les Ouvrages Français, par ce moyen, se multiplient de toutes parts, d'autant mieux que les Libraires, connoissant le goût dominant des Nations, s'entendent d'une extrémité de l'Europe à l'autre, pour répandre les Œuvres de nos plus célèbres Ecrivains. Les productions des Montesquieu, des Buffon, &c. se trouvent à Tobolsk, comme à Lyon, à Raguse comme à Rouen, & ils y ont la même célébrité.

Quand on pense à l'Art d'imprimer, cet Art qui fixe les pensées, qui les rend immortelles, & les livres mille fois plus durables que les statues, par la vertu qu'il a de les renouveller, de les multiplier, sans que les copies le cèdent en valeur aux originaux ; on n'eſt point ſurpris qu'on ait cru cet Art magique dans les premiers tems.

Je vois chez tous les Libraires de l'Europe, des magaſins ouverts, d'où l'on diſtribue, avec une admirable profuſion, les brochures qui amusèrent Paris. Elles y ſont comme autant de trophées à la gloire du génie Français, comme autant de monumens qui annoncent ſes gentilleſſes & ſa fécondité. Chacun y court pour les acheter, & chacun s'en nourrit comme ſi c'étoit de l'ambroiſie. On leur trouve un goût, un parfum qui leur donne un prix infini. En vain un critique judicieux entreprendroit de faire voir la frivolité de la plupart de ces petits ouvrages, c'eſt un parti pris, on veut qu'ils ſoient excellens,

& il ne faut pas s'aviser de le nier, ou l'on est sur le mauvais ton.

CHAPITRE

CHAPITRE XX.

Des Langues.

Chaque peuple exprime ce qu'il est par sa manière de parler. La liberté Polonaise, la gravité Allemande, la souplesse Italienne, la fierté Espagnole, la légereté Françoise, se font remarquer dans les diverses langues, & dans la manière de les prononcer. L'un traîne ses mots, l'autre les précipite, celui-ci les étouffe, celui-là les fait sonner.

Si c'étoit ici le lieu d'assigner à chaque Langue le rang qui lui est dû, je dirois, qu'après la Grecque & la Latine, l'Italienne, comme insinuante & sonore, la Française, comme élégante & précise, méritent la préférence. Si cette dernière est maintenant la triomphante, c'est que, naturelle & concise dans ses expressions, elle est le langage de la société; l'Italienne, à raison de son harmonie, paroît beaucoup moins propre à la conversation qu'à la musique & à la poësie.

Olympia séduit tous ceux qui l'écoutent par la suavité de ses expressions. On ne peut résister aux charmes de l'entendre; mais par la manière dont elle traîne ses mots, dont elle les cadence, on se demande, a-t-elle parlé, ou a-t-elle chanté?

Il faut revenir à la Langue Française, quand on veut converser; moins diffuse que toute autre, moins difficile à prononcer, elle n'exige ni une abondance de mots ni des efforts de gosier, pour donner du corps aux pensées; que dis-je, elle les revêt de manière à leur communiquer beaucoup d'agrémens sans les énerver ni les enfler.

Si certains Ecrivains affectèrent de publier qu'elle est extrêmement pauvre, c'est qu'ils n'eurent pas le talent de la faire valoir ; mais elle est bien vengée de leurs fausses imputations par le plaisir que les Européens goûtent à la parler.

D'ailleurs qu'on écrive comme Pascal, comme Mallebranche, comme Bossuet, comme Rousseau ; & bientôt on persuadera le Public que la langue Française est véritablement riche, & que, si elle ne varie pas ses tours à l'infini, elle donne aux pensées une élégance & une énergie dont les Auteurs médiocres ne la croient pas susceptible.

Quoique je ne la considère ici que relativement à la société, je ne puis m'empêcher de dire un mot à la louange de sa richesse

& de sa sublimité. Mes Lecteurs me pardonneront cet écart.

Combien n'est-elle pas harmonieuse & relevée sous la plume d'un Bossuet, d'un Fénelon, d'un Fléchier, d'un Bourdaloue, d'un Massillon ? C'est alors qu'elle prend toutes les nuances, & que tantôt majestueuse & tantôt délicate, tantôt sublime & tantôt tempérée, tantôt précise & tantôt abondante, elle persuade, elle convainc, elle étonne, elle ravit. Ici c'est un torrent qui, se jouant des digues & des obstacles, se précipite avec fracas ; là c'est un doux ruisseau qui serpente mollement sur les fleurs.

L'Etranger a senti ce charme puissant, & il a été entraîné, comme malgré lui, à oublier sa propre langue, pour parler celle des Français. On est tout étonné d'entendre converser à la Cour de

Vienne, de Pétersbourg, de Varsovie, comme à celle de Versailles. C'est la même expression, le même accent.

Français, sentez tout le prix d'un pareil honneur, & vous appliquez plus que jamais à enrichir une langue devenue presqu'universelle.

Le Parisien qui voyage en Europe s'apperçoit à peine qu'il a quitté Paris, il ne trouve point de Ville où l'on ne lui réponde.

Vous vouliez autrefois, illustre Leibnitz, former une langue qui fût commune à tous les savans, qu'on pût entendre dans tous les pays. Revenez (Eh! plût au Ciel!) & vous verrez que vos vœux sont accomplis. Il n'y a pas un homme instruit qui ne parle aujourd'hui Français, ou qui ne le lise, pas une femme bien élevée qui n'en connoisse les expressions, & qui ne soit peut-être en état d'en admirer les beautés.

Cette langue a l'avantage d'avoir fourni aux Anglais presque tous les termes des Sciences & des Arts. Ces fiers Insulaires qui veulent ne rien devoir à personne, ont été forcés de dérober aux Français mêmes une multitude de mots énergiques ; & il n'y a point de saison où ils ne viennent en France par essains pour y apprendre la langue des Corneille & des Racine. C'est encore un autre avantage de la langue Française, de s'élever en Poësie, autant que cet Art est sublime, & de donner un nouvel éclat aux plus brillantes pensées.

Quelle est la langue, fût-ce même la Grecque, qui exprimât la rapidité du tems aussi bien que ce vers de Boileau ;

Le moment où je parle est déja loin de moi.

Si les Italiens font moins usage de la langue Française, que les autres Nations; c'est que, se souvenant encore d'avoir autrefois maîtrisé l'Univers, ils sont arrêtés par un principe de vanité; mais ils connoissent tous les livres qu'on imprime à Paris, & souvent même ils les picorent avec adresse. Personne n'a mieux profité des Poësies de Mr. de Voltaire, que le célèbre Métastase. Peut-être ne l'aura-t-il fait que par représailles, n'ayant pas ignoré que nos Ecrivains mirent eux-mêmes plus d'une fois les Auteurs Italiens à contribution.

Je n'ai point intention de leur en faire des reproches. J'aime beaucoup qu'un Auteur se répande chez les Nations étrangeres pour butiner ce qu'il y a de meilleur dans leurs livres, & pour en composer d'excellens ouvrages. Pourquoi ne prendroit-on pas la fleur des bons Ecrivains, de quelque pays qu'ils puissent être ? il est un art de naturaliser les pensées même des Etrangers, & de se les approprier. L'esprit ne crée pas toujours; plus souvent il imite.

Si je suis étonné de ce que les Français n'apprennent point leur langue par principe, je ne suis point surpris de ce qu'ils négligent celle de leurs voisins. La certitude où ils sont que l'Europe est sur le ton de Paris, les rend paresseux. Il ne pourroit y avoir que l'envie de lire dans les sources, & malheureusement les traductions dispensent de ce travail.

L'Académie Française rendroit un service essentiel à la langue Nationale, en créant plusieurs termes nouveaux qui semblent lui manquer. Dès qu'un mot naît du besoin, & qu'il a de l'analogie, avec ce qu'on veut exprimer, il doit être accepté; mais c'est l'ouvrage d'un corps, & non le caprice d'un particulier; autrement un nouveau terme paroît ridicule, & n'est point reçu. Tel est celui *d'impasse*, qui, quoique employé par quelques Auteurs, n'a point encore réussi. Il me semble le voir à la porte de l'Académie, comme un enfant trouvé dont personne n'ose se charger. On se rapelle que le grand Bossuet lui-même demande pardon au public, s'il se permet l'expression de *verbeux*, pour caractériser la *loquacité* du Ministre Jurieu.

Que de Sentences, que d'ouvrages, que d'axiômes qui doivent à la langue Françaife leur lustre & leur réputation! son énergie produisit, dans tous les tems, les plus merveilleux effets. Quel intérêt ne donne-t-elle pas à la converſation. Toutes les fois qu'elle eſt dignement employée, elle fait tableau. Se modifiant ſelon les perſonnes, les matières, les tems, les lieux, les circonſtances, elle eſt admirable dans la bouche des Orateur ſacrés, majeſtueuſe dans celle des Rois, énergique dans celle des Magiſtrats, raviſſante chez les Poëtes, ſéduiſante chez les femmes.

Qu'elle continue de régner dans les cours, elle en eſt digne; mais déſirons en même tems qu'elle ne s'énerve pas ſous la plume des Auteurs efféminés; & que nos inſipides perſiffleurs ne la rendent pas ſtérile à force de jouer ſur le mot, & de trouver des équivoques dans chaque parole qu'on profere.

CHAPITRE XXI.

Des Belles-Lettres.

OH! c'est ici le triomphe des Français; la méthode, l'agrément, le coloris qu'ils savent donner aux plus petits riens, les rendent plus propres que personne à la culture des Belles-Lettres. Poëtes ou Prosateurs, ils répandent les grâces à pleines mains.

Ce n'est ni cette profusion Italienne qui met toute la nature à contribution, & qui, pour célébrer la moindre Bergere, appelle à son secours toutes les Etoiles & tous Elémens; ni cette Monotonie Allemande, qui fatigue par sa pesanteur; ni cette sublimité Anglaise dont les élans vont jusqu'aux nues; mais une délicatesse exquise qui ménage les beautés pour les rendre plus piquantes, & qui se diversifie à tout instant sans recourir à de vains efforts.

Poëtes, Orateurs, qui enrichissez maintenant la France de vos écrits, je ne puis parler des Belles-Lettres sans vous invoquer. Vous avez si élégamment paré les Muses, qu'on vous reconnoît pour leurs meilleurs amis. Que ma plume n'est-elle entre vos mains! Comme les phrases deviendroient intéressantes! comme vous transporteriez vos Lecteurs dans les pays les plus riches & les plus rians!

Il n'y a point de contrée où votre nom ne soit connu. Qu'il est beau de tenir école à mille lieues de soi! & de savoir qu'à Casan, comme à Paris, qu'à Chandernagor comme à Lyon, on y eſt lu, & ſingulièrement admiré.

L'Italie eut toujours des Poëtes célébres ; mais leur imagination plus brillante que réglée, les met ſouvent hors de la route Ils ont beſoin de l'eſprit Français pour modérer leur génie, & j'oſe dire qu'ils lui doivent leurs derniers ouvrages, où il y a beaucoup moins de feu, mais beaucoup plus de goût.

« *Calypſo*, ne pouvoit ſe conſo- » ler du départ d'Ulyſſe ; dans ſa » douleur, elle ſe trouvoit immor- » telle, ſa grotte ne réſonnoit plus » du doux chant de ſa voix. Les » Nymphes qui la ſervoient, n'ô- » ſoient lui parler, elle ſe prome- » noit ſouvent ſeule ſur les gazons » fleuris, dont un printems éternel » bordoit ſon Iſle » : voilà comment s'exprime l'éloquence Françaiſe.

« *Melise*, dont la chevelure fur-
» paſſoit celle des Comètes en beau-
» té, ſembloit être devenue un chê-
» ne flétri par la vieilleſſe, ou par la
» tempête, depuis qu'elle ne voyoit
» plus ſon Berger. Sa grotte n'avoit
» plus l'air que d'une tanniere où
» l'on entend rugir le Lion. Elle
» faiſoit de grands pas comme un
» géant qui s'égare, ſans ſavoir où
» elle alloit. Ainſi peint l'Italien.

Ni Métaſtaſe, ni Geſner, n'euſſent autant intéreſſé leurs Lecteurs,
s'ils n'avoient imité les Littéra-
teurs Français; on trouve leur empreinte juſques dans les nouveaux
livres qui paroiſſent à Londres:
eh! plût au Ciel, qu'Yong & Milton lui-même, malgré toute leur
ſublimité, euſſent pu prendre con-
ſeil d'un Boileau; ils ſeroient
moins enthouſiaſtes, mais bien
plus naturels & plus concis.

Le beau n'eſt jamais en oppoſition avec la nature. Plus il eſt ſimple, plus il eſt digne de lui-même. On aime le Soleil quand il éclaire; mais on l'évite quand il éblouit. Que d'Oraiſons, que de pièces de Théâtre, que la lecture des Auteurs Français réforma chez les Etrangers ! ils ſentent qu'à Paris on a le tact fin, le goût ſûr ; ils en profitent, & cela leur fait honneur. Ils ne l'avoueront peut-être pas, parce qu'on eſt rarement modeſte & reconnoiſſant ; mais il eſt facile de s'en appercevoir.

Chaque Nation, comme chaque Peintre, a dans ſa manière de travailler, une touche qui la caractèriſe, & pour peu qu'on ait quelque connoiſſance de la Littérature, on ne s'y méprend pas. De même qu'on juge un Tableau de l'Ecole de Flandres ou de celle d'Italie, on dit qu'un tel livre eſt de l'Ecole Françaiſe. Et il y a des moyens de le ſavoir.

Les Belles-Lettres reſſemblent à une jolie femme, qui pour avoir plus d'éclat, n'a beſoin que d'une légère parure. On en fait des coquettes, lorſqu'on les farde avec excès.

Le ſiècle de Louis XIV, en mettant au jour des Poëtes & des Orateurs ſûrs de toujours vivre, renouvela les Lettres dans tous les climats. C'eſt ſur leurs ouvrages qu'on a calqué tout ce qui ſe fait avec goût, au Nord comme au Midi. Il a fallu céder aux charmes de leur éloquence, & à la ſageſſe de leur imagination. Ce ton d'énergumène, qui régnoit dans les productions Italiennes & Anglaiſes, a baiſſé de quelques notes, & la belle nature a repris ſes droits. On peut les altérer, mais non les anéantir.

Elaguons, dit *Glocus*, ces expressions gigantesques qui semblent monter jusqu'aux nues, & s'y perdre ; dégradons ces fortes couleurs, qui donnent à mon ouvrage un air d'enluminure qui blesse les yeux, & qui révolte les Lecteurs ; adoucissons ces ombres trop effrayantes, en leur donnant moins d'horreur. *Glocus* n'avoit jamais tenu ce langage, il ne connoissoit de beautés que ce qui étoit outré ; il s'est formé sur les ouvrages de Racine ; c'est l'effet qu'opère le séjour de Paris sur presque tous les Etrangers, pourvu qu'ils soient intelligens & dociles, quoique je ne dissimulerai pas que depuis plusieurs années, Paris lui-même n'est plus un modèle aussi sûr. Pour y vouloir montrer trop d'esprit, selon la pensée de Mr. Gresset, on gâte celui qu'on a; &, s'il est permis d'employer cette métaphore, on croit que l'éloquence a besoin d'ornemens recherchés, & on la surcharge de pompons qu'elle méprise.

CHAPITRE XXII.

Du Goût.

QU'IL est rare ce goût dont chacun parle, que chacun prétend connoître, & qui consiste à bien assaisonner les choses, & à bien les savourer ! Il fut plus facile de trouver parmi les Etrangers des hommes même de génie, que des personnes de goût. Après que le siècle d'Auguste eut entraîné avec lui Virgile, Horace, Cicéron, le bon goût s'altéra, & insensiblement parut Sénèque, Ecrivain d'autant plus dangereux, qu'il écrit d'une manière séduisante; c'est-à-dire, qu'il fut le Fontenelle du siècle où il vécut.

On eut beau par la suite s'efforcer de retrouver ce qu'on avoit perdu, on ne composa plus rien qui approchât des Géorgiques, rien qui ressemblât aux Catilinaires. Les Français eux-mêmes, malgré leur délicatesse, se trouverent souvent loin du but, & d'une manière d'autant plus choquante, que leur langue suit malheureusement l'esprit de chaque siècle, & n'a peut-être point encore atteint son dégré de perfection. Marot n'est plus supportable, & Malherbe a besoin qu'on l'excuse; mais les écrivains Français eurent toujours une ressource qui manquoit aux Etrangers, & qui favorise le goût, une éducation moins pédantesque, & conséquemment plus propre à la culture des Lettres. Bientôt il n'y eut plus dans la France que les Compilateurs relégués dans les Cloîtres, qui manquerent abfolument de goût. Ils rendoient affez de fervices au public pour qu'il fe contentât de leur travail, & d'autant mieux qu'ils rempliffoient leur objet, en n'étant que fédentaires & laborieux.

Les Ecrivains de Port-Royal, donnerent par leur manière d'écrire un nouveau luftre à la France. Employant un ftyle extrêmement châtié, & tout à la fois noble & nombreux, pendant qu'on écrivoit encore en Gaulois, ils furent accueillis & traduits comme des modèles dans les quatre parties de l'Europe. On leur trouva une précifion, une netteté qui les rendirent infiniment précieux.

Ce n'eft pas un petit mérite que celui d'avoir du goût, & ce qu'il y a de fâcheux, c'eft que souvent l'érudition lui nuit. Les Etrangers ne manquent ordinairement de goût que parce qu'ils s'appliquent trop aux recherches profondes.

Cependant le goût s'étend sur la Philosophie, comme sur les Lettres, quoique ce ne soit pas avec le même agrément; mais le bel-esprit lui fait un tort irréparable. Il est son antagoniste, disons mieux, son fléau dans le tems même qu'il paroît son meilleur ami.

Nous avons mille ouvrages qui seroient excellens, si le bel-esprit ne les avoit gâtés; c'est un feu follet qui brille sans éclairer, & qui pénètre jusques dans le Barreau, jusques dans la chaire; habile à jouer sur le mot, autant qu'à éblouir, il aime singulièrement l'antithèse, & toujours content de lui-même, il ne trouve bon que ce qu'il imagine, & ce qu'il dit.

Il est d'autant plus dangereux, qu'on se laisse éblouir par son clinquant, & qu'accoutumé à prendre un ton décidé, il se fait écouter plus que la science même. Encore s'il n'eût voulu exercer son despotisme que sur des sujets indifférens ; mais il ôse prétendre que la religion même doit être de son ressort ; & il s'en établit le juge.

Quoique ses saillies séduisent, & qu'on lui rende hommage assez universellement, il échappe toujours quelques Ecrivains sensés qui ne sont pas sa dupe, & qui revendiquent les droits du goût qu'on peut appeller son véritable ennemi. On ne prescrit point contre le goût, disoit Fénelon, on peut tout au plus l'émouffer.

On conçoit avec peine comment les Italiens ne l'ont pas encore fait préfider à la compofition de leurs Sermons & de leurs Sonnets. Ils ont travaillé jufqu'ici dans ce double genre de la manière la plus burlefque. On reconnoit néanmoins que Maffillon, & furtout Bourdaloue, commencent à leur infpirer le defir de les imiter, & que déja ils en prennent quelques raifonnemens & quelques tours de phrafes.

Je ne doute pas qu'avant cinquante ans, la Chaire Italienne ne fe réforme entièrement à quelques nuances près; car l'éloquence des Nations n'eft pas uniforme, & ne peut l'être. Le ftyle Oriental pécheroit certainement contre le coftume des Afiatiques, s'il s'il étoit Français. Il y faut plus d'images, plus d'éclairs, plus de feu.

Il est étonnant combien il y a d'ouvrages d'esprit chez les diverses Nations, sans méthode & sans goût. Ce sont des tableaux où l'on apperçoit des roses au milieu des chardons, des geais pêle-mêle avec des paons.

J'ai souvent vu ce contraste bisarre, lorsque je voyageois dans les pays Etrangers. Je tombois sur un livre, dont le titre & le début m'intéressoient vivement. J'imposois silence à mes sens, pour le savourer sans aucune distraction, & à peine en avois-je parcouru quelques pages, que je me perdois dans le cahos. Ainsi l'on est souvent entraîné par quelque allée séduisante, dans un bois d'où l'on ne peut plus s'arracher, tant

I

il y a d'épines qui embarrassent les sentiers

Je l'ai déja dit plus d'une fois, & je le répète encore volontiers : il n'y a guere que les Français, qui sachent composer un livre. Si les Etrangers en offrent au public qui soient méthodiques & précis, c'est qu'ils les prennent pour modèles. Ils ignorent l'art de la contexture & de la distribution ; ils surchargent un ouvrage de citations, de preuves, & presque toujours d'inutilités. Ils rejettent ce qui est essentiel, ils saisissent ce qui est superflu, ils s'appesantissent sur ce qui est minutieux.

L'esprit d'ordre est absolument nécessaire à un Auteur, cet esprit qui aligne avec justesse, qui compose avec symmétrie, qui combine avec précision. Sans lui les sentimens se confondent avec les idées, & la plume qui court sans discrétion, ne sait plus s'arrêter.

Les Européens apperçoivent, dans les livres Français, une méthode & une netteté qui les enchantent ; mais qu'ils n'imitent que difficilement. La préface, en peu de mots, explique le dessein de l'Auteur, & dans le cours de l'ouvrage, il n'y a ni redondance, ni obscurité. Si quelqu'écrivain s'avise d'être trop volumineux, il est repris sur-le-champ par des critiques, qui, toujours en sentinelle, vengent le goût, le siècle, & la Nation.

Je sais qu'on reproche aux Français d'être trop superficiels ; mais ne vaut-il pas mieux donner au public des ouvrages qu'il lit & qu'il se procure à peu de frais, que de travailler des *in-folio*, qui moisissent dans les Bibliothèques ?

Ne vaut-il pas mieux amuser ses Lecteurs en les instruisant, que de les accabler sous le poids de l'érudition ?

Grace aux faiseurs d'*in-douze*, l'Europe ne voit plus si souvent éclore des volumes dont la pesanteur & la diffusion fatiguoient cruellement un Lecteur, & dont chaque page formoit presqu'une dissertation. On s'imagine que des pensées sont toutes neuves, lorsqu'elles se produisent avec un air de nouveauté. D'ailleurs si l'on aime les gros livres, il n'y a qu'à se persuader que vingt brochures forment vingt chapitres d'un *in-folio*.

Je ne prétends point ici que tout gros livre doive être mis au rebut. J'ai assez de discernement pour admirer ceux qui forment la substance & l'ornement de nos riches Bibliothèques, & pour savoir que le Dictionnaire Encyclopédique, malgré ses défauts, mérite notre reconnoissance & notre admiration.

Que ne dirois-je point ici de ces ouvrages, dont le titre ne répond nullement au sujet. Il en naissoit des milliers dans toutes les parties du monde, avant qu'on se fût modèlé sur les Ecrivains Français. Aujourd'hui tout est mieux combiné. La fin d'un livre répond au commencement, & la Pologne comme la Russie, donnent des ouvrages travaillés méthodiquement. L'Italien lui-même, accoutumé aux écarts que sa langue lui permet, n'est plus si prolixe; il ne promene plus si souvent son Lecteur dans des pays trop chargés de fleurs. Enfin, il ne dit pas tout, il laisse des choses à deviner. Mais ce qui surprendra; c'est que l'Anglais lui-même, dont l'esprit est naturellement Géométrique, avoit besoin de l'esprit Français tout superficiel qu'il est, pour donner plus de méthode à ses productions.

On peut faire un *in-folio*, sans être diffus, & l'être beaucoup trop, en ne donnant qu'un *in-douze*. Cela dépend, & de la matière qu'on traite, & de la manière de la traiter. Il y a des sujets qui exigent des preuves & des détails, d'autres qui n'en sont pas susceptibles. Les anciens employoient le tiers d'un ouvrage à prouver par exemple, que tout homme doit mourir.

Un Auteur ne doit pas ignorer que la génération actuelle a l'esprit pénétrant, & qu'on a tant écrit, qu'on s'expose nécessairement à des répétitions, si l'on veut composer volumineusement.

Observez que les bons ouvrages Français se traduisent presque tous en langue Etrangere, & que ce travail apprend aux Européens à écrire méthodiquement. Le mérite d'un Auteur confifta toujours à dire beaucoup de chofes en peu de mots. Si l'on avoit pris Tacite pout modèle, nos Bibliothèques feroient bien moins étendues & bien plus excellentes.

Il faut cependant convenir que l'efprit de la Cour, qui s'exprime très-laconiquement, devient celui des Ecrivains à la mode, & qu'à mefure qu'on avance en âge, on taille les livres comme les arbres, en les dégageant de tout ce qui eft fuperflu.

CHAPITRE XXIII.

Du Génie.

Il n'y a point de Nation qui n'ait produit des hommes de génie, & chez les Peuples même les plus grossiers, on remarque des esprits qui s'élancent de leur sphère, pour se porter avec impétuosité vers ce qu'il y a de plus profond & de plus relevé ; car tel est le caractère du génie, que, ne pouvant se contenir, il rompt tout ce qui lui fait obstacle, & il plane dans les Cieux.

De quel vol ne s'éleverent point Newton, Mallebranche, Leibnitz, Bacon, Bossuet, Milton ; lorsque, se dégageant de tout ce qui les environnoit, ils n'étoient plus qu'eux-mêmes, & ils mettoient le monde sous leurs pieds. Je les vois tantôt plonger dans l'immensité de leur âme pour en tirer les plus grandes clartés, tantôt prendre leur essor jusqu'à celui qui est la source & la plénitude de tous les êtres, pour participer à l'infini. Ce ne sont plus des hommes, ce sont des Dieux, & voilà comment le génie transfigure de simples mortels. On ne peut plus les suivre, on se contente de les admirer.

L'esprit n'est à l'égard du génie, que ce que l'odorat est à l'égard de la vue. L'esprit flaire, le génie contemple, & ses regards atteignent les objets les plus éloignés, fixent les rayons les plus éblouissans.

Pour être une Nation intéressante, il faut de l'esprit & du génie ; de l'esprit pour converser avec les hommes, du génie pour s'élever au-dessus d'eux. Or le Français jouit toujours de ce double avantage, quoiqu'avec plus ou moins d'intérêt, & c'est ce qui l'a rendu le modèle de plusieurs Nations. Les savans ont trouvé chez lui de la profondeur, les hommes superficiels de la légèreté.

Le génie chez les Français est un feu qui répand des flammes agréables, au-lieu que chez l'Anglais il embrâse beaucoup plus qu'il n'éclaire, & comme on aime singulièrement tout ce qui fait spectacle; on préfère communément le génie Français au génie Anglais. Il y a peu d'Etrangers qui ne quittent Milton pour lire Corneille; il est bon que l'esprit de tems en tems serve d'ornement au génie, qu'il en soit *l'entourage*, ainsi qu'on voit de petits diamans relever l'éclat d'un saphir ou d'un rubis. Que de choses n'y auroit-il point à dire sur l'esprit qui, étant propre à bien voir les choses & à bien les rendre, se diversifie chez les diverses Nations. Il n'y a point de peuple qui n'ait emprunté des Français l'art de le brillanter & de l'égayer. Il étoit triste & pensif chez certains peuples, & maintenant il s'enflamme, il pétille, il se communique. C'est la meilleure chose qui pût arriver; car tout ce qui est bon doit se multiplier ou s'étendre.

CHAPITRE XXIV.

Du Siècle.

LE siècle dernier fut un pere majestueux dont le regard noble & les plus beaux traits exciterent l'admiration; mais qui en engendrant ce siècle-ci, produisit un fils tout-à-fait élégant, dont les graces* & l'enjouement n'inspirent que de la gentillesse & de la gaieté. Ce qui doit nous consoler, c'est qu'on se lasse d'admirer, & qu'on voit toujours avec plaisir ce qui réjouit les yeux.

Disons donc que l'âge présent, qu'on a trop rabaissé, & trop exalté, peut fournir le sujet d'un double tableau, dont l'un représenteroit les choses les plus charmantes, & l'autre les plus tragiques. Ce seroit la réunion des disparates, l'assemblage des contrariétés.

Mais je ne veux considérer le siècle que du côté des heureuses révolutions qu'il excita dans l'Europe, & par conséquent sous un jour gracieux.

Il n'y eut pas une seule année, peut-être un seul mois dont il fut le pere, qui n'ait contribué à civiliser les Nations & à les éclairer. Tantôt il introduisit la bonne Physique, tantôt l'Inoculation; tantôt il mit au jour des ouvrages lumineux, tantôt des usages aussi agréables qu'utiles.

Que d'Ecrivains qu'il vit naître, & dont les uns comme un astre bienfaisant, les autres comme une flamme étincelante, répandirent des lueurs plus ou moins salutaires; tout le monde les connoît, & par-tout on vous dira que l'un étonne par sa fécondité, que l'autre subjugue par sa force, que celui-ci charme par sa douceur, que celui-là éblouit par ses éclairs.

Que de magnificence déployée dans l'Europe depuis 1700! on fera remonter à cette époque, & le luxe qui enrichit le commerce, & l'aisance qu'on trouve dans l'usage de la vie. Nos neveux diront que sous les regnes brillants de Louis XIV & de Louis XV, le monde changea de décoration, que les pays les plus grossiers acquirent de la politesse, & que Paris devint la boussole des différens peuples.

C'est pendant leur cours, que Lisbonne & Madrid se débarrassèrent du joug odieux de l'inquisition, que Dresde prit un lustre éclatant, que Vienne se métamorphosa dans le séjour le plus agréable, que Varsovie sortit d'un cloaque, Pétersbourg du néant; que Venife fut moins chatouilleufe fur l'article des propos, & moins févère à les punir, Naples plus civilifée, Rome enfin plus agréable dans la fociété, & moins ultramontaine.

Madrid peut s'appeller une nouvelle ville, & par la manière dont on y vit, & par la propreté qui y règne. L'amour ne s'y fait plus fous les fenêtres, & ne foupire plus des années entières fans pouvoir parler. On y trouve des maifons propres, des perfonnes décemment habillées, même des chapeaux retapés; & quand un Miniftre intelligent y fera ouvrir des chemins, conftruire des Auberges, l'Efpagne aura l'air de la France.

Dom Gerondio, ouvrage critique qui tourne en ridicule les Sermons Efpagnols vraiment dignes de censure, à raison de leurs expressions gigantesques, & de leurs pensées extravagantes, n'eût osé paroître il y a cinquante ans : l'Université de Salamanque eût crié au scandale, & l'Inquisition eût poursuivi le livre & l'Auteur ; mais les Français leur ont appris, que plus on respecte la religion, & plus on doit travailler à faire tomber les fausses légendes & les mauvais Sermons qui la défigurent.

Quand le dix-huitième siècle parut orné de ses graces & de ses gentillesses, il y avoit plus d'un peuple en Europe, qui pour les usages, comme pour le savoir, n'étoit encore qu'au quinzième. Les distances se sont rapprochées, & à quelques nuances près, chaque Européen est maintenant Français. On a fait des échanges, & la ville de Paris elle-même quoiqu'aînée dans ce qui concerne les commodités & les agrémens de la vie, a profité de ce que les Etrangers pouvoient avoir de bon, & sur-tout de la musique Italienne, dont elle reconnoit la supériorité; car je ne veux point parler ici de ces jardins bisarres, qui, pour retracer la simple nature, ressemblent à des masures, & à des hameaux qu'on auroit entourés de murs; ni de ces voitures burlesques, où l'on est moins assis qu'accroupi, qui plongent dans la fange & dans l'eau lorsqu'on voyage, & qui font un bruit énorme en roulant. Les Anglais en fait de modes, n'imaginèrent jamais que des singularités, & je le dis d'autant plus volontiers, que ma réflexion est incapable de les piquer. Ils ont l'âme forte, ils entendent sans peine la vérité.

Il y a une marche pour les siècles, comme pour les saisons.

Les uns retracent l'hyver, les autres le printems; le nôtre est un joli mois de Mai, égayé par la plus riante verdure, orné des plus belles fleurs, où l'on apperçoit tantôt des papillons qui voltigent, tantôt des moucherons qui bourdonnent, & toujours des rayons perçant à travers des nuages, & retraçant les couleurs de *l'Iris*.

Neronde promene ses lecteurs dans les plus agréables jardins, répand le jour le plus gracieux sur tous les objets; on ne peut le quitter, tant il est séduisant, tant il varie ses tableaux, tant il les colore. Chaque page de ses livres est un nouvel optique où l'esprit & l'œil sont agréablement surpris. *Neronde* étoit vraiment fait pour ce siècle, & je ne m'y connois point, s'il n'est pas l'inimitable *Dorat*.

On m'objectera que le siècle est

superficiel : eh ! que veut-on qu'il soit, dès qu'il s'agit de gentilleſſes & d'agrémens ? Il nous amuſe, cela ſuffit. Décompoſerai-je la monnoie courante, pour voir combien il y a d'alliage, au-lieu de m'en ſervir ? Peut-être y a-t-il une chenille dans le calice d'une fleur que j'admire, peut-être les fruits, qui pendent aux arbres, & qui me charment par leur beauté, ſont-ils intérieurement vitiés. Eh ! que m'importe, ſi je n'en vois que la ſurface, & ſi elle eſt agréable à la vue ? Quand j'analyſe le ſiècle pour obſerver ſes défauts, pour examiner ſes torts, alors je parle diverſement ; mais aujourd'hui ce n'eſt pas mon objet.

CHAPITRE XXV.

Des Spectacles.

TRANSPORTONS-NOUS aux différents théâtres qu'on trouve en Angleterre, & là on nous dira qu'autrefois il n'y avoit point de scène qui ne fût ensanglantée, que les plus horribles carnages, que la mort même la plus atroce étoient toujours le dénouement des Tragédies ; mais qu'aujourd'hui on mitige davantage ces horreurs, & qu'on ménage avec plus de discrétion la delicatesse d'un spectateur.

On n'ajoûtera pas que c'est aux Français qu'on doit cette modération ; mais on n'aura pas besoin de vous le dire, pour vous en convaincre. Personne n'ignore que les

Français ayant toujours eu en partage l'aménité, ils en remplirent leurs pièces de théâtre, & que dans les actions même les plus cruelles, ils savent en tempérer l'horreur, sans néanmoins diminuer l'atrocité des forfaits.

Si vous examinez maintenant les Théâtres de Venise, de Florence, de Milan, vous observerez que le célèbre Goldoni, que le fameux Chiari, francisent de plus en plus les pièces Italiennes, qu'elles ne sont plus, selon le costume du pays, un amas d'Episodes ridicules, un assemblage d'invraisemblances, de bouffonneries, d'obscénités. On n'y fait rire qu'à propos, & l'on n'y force ni les caractères, ni les situations. C'est la nature elle-même qui parle, le monde rendu tel qu'il est.

Je ne prétends point justifier ici

le pitoyable éloignement qu'on a maintenant pour Moliere, non plus que l'enthousiasme qu'on sent pour le Comique larmoyant. C'est un accès de fièvre chez les Français, qui ne durera pas long-tems. Ils reviendront d'eux-mêmes aux bonnes plaisanteries, qui, sans être farces, en ont presque le jeu, & qui, mises sur la scène font également rire le bourgeois & le seigneur.

O mes amis! ne perdons point cette précieuse gaieté qui caractérisa toujours les Français, pensons qu'il n'y a que le misanthrope & le fat qui n'osent rire de bonne-foi, & que c'est dénaturer la Comédie, que de la dépouiller de ce qu'elle a de plaisant. Souvenons-nous que Moliere, Renard, &c. donnerent le plus grand lustre au théâtre Français, qu'ils y appelerent toutes les Nations, qu'elles y vinrent par députés, qu'elles y assisterent avec transport, qu'elles s'en retournerent avec admiration.

Qui est-ce qui dans l'Europe ne connoît pas *le Tartuffe*, *le Misanthrope*, *le Joueur*? qui est-ce qui n'a pas entendu parler du fameux Baron? Les différens peuples ont beau être attachés à leur genre d'écrire, & de déclamer, ils ne peuvent s'empêcher d'être enthousiastes du théâtre Français. Ils y trouvent des beautés qu'ils n'ont point chez eux, & qu'ils n'imitent que de loin.

Il est étonnant combien la Comédie Française fait de conquêtes chaque année parmi les diverses Nations. Danois, Italiens, Suédois, tous reviennent de Paris, enchantés des pièces qu'on y joue, & il n'y a pas jusqu'aux Spectacles des Boulevards qui les séduisent. Ils emportent tous avec eux, & les Opéracomiques, & les nouvelles Comédies.

Ce font de précieufes gentilleffes, qu'on peut bien appeler des riens ; mais parce qu'elles fortent de Paris, qu'on nomme le Temple du goût, elles charment les Etrangers : c'eft à qui les lira, c'eft à qui les chantera.

La fiere & favante critique a beau crier contre ces productions bifarres, que le feul amour de la nouveauté foutient, n'importe : elles font en faveur, & il faut que la critique s'arrête, pour laiffer paffer le torrent de la mode & de l'opinion.

Il n'y a prefque pas de Cour en Allemagne, qui n'ait aujourd'hui la Comédie Françaife ; &, chofe étrange, c'eft qu'au milieu même des ravages de la Pologne, il s'en trouve une qui femble en adoucir les maux. Plus

Plus les tems accélérent leur marche, & plus on goûte les Spectacles Français. On y trouve une naïveté qui charme, une critique qui intéresse, une finesse qui perce ; ce n'est point ici comme moraliste que j'en parle, mais comme Littérateur, n'ayant d'autre but que de traiter mon sujet.

Si l'on oppose au genre comique des Français ; les farces Italiennes & Allemandes ; quel contraste ! quelle disparité ! les petits Opéra ne se soutiennent à Paris que par la musique, mais du moins faut-il convenir qu'elle y est excellente, & que si l'on a pris dans ce genre ce qu'il y a de bon chez les Italiens, on l'a perfectionné.

L'Espagnol lui-même, si fier & si sérieux, rend hommage à la Comédie Française, ayant un théâtre Français à Cadix, & c'est d'après ce fait mémorable que

K

l'Espagne a donné à ses pièces un air naturel, en les rapprochant des mœurs de Paris.

Gênes la Superbe, se met aussi sur les rangs pour avoir un Spectacle semblable aux nôtres. « Une » Nation douce & polie, dit Mr. » de Marmontel, où chacun se » fait un devoir de conformer ses » sentimens & ses idées aux mœurs » de la société ; où les préjugés » sont des principes, les usages des » loix, où l'on est condamné à » vivre seul, dès qu'on ne veut » vivre que pour soi-même ; cette » Nation ne doit présenter que » des caractères adoucis par des » égards » : & tels sont les Comédies Françaises, qui plus châtiées que jamais, se copient chez les Anglais, autant que l'opposition des mœurs a pu le permettre.

Il y a lieu de croire que l'Italie elle-même cédera bientôt au torrent de l'exemple, & à l'attrait du bon goût, en substituant enfin les Comédies de Moliere aux ridicules bouffonneries qui dominent encore sur les théâtres Italiens. Si les Arlequins n'en sont pas bannis, comme étant les personnages les plus propres à égayer la scène, au moins plaisanteront-ils avec plus de décence & plus de circonspection.

Quant à la Tragédie, quoiqu'elle varie au gré des Nations, on peut dire que Corneille, Racine, Crébillon, Voltaire, sont par-tout cités, & qu'il n'y a point de pays en Europe, qui n'admire leurs chefs-d'œuvres.

Qu'on me donne à lire Catilina, disoit une Princesse Russe à sa femme-de-chambre ; *je suis aujourd'hui dans l'intention de m'attrister, & dorénavant je ne veux pleurer qu'en Français.*

Si l'Opéra ne plaît pas aux Etrangers, autant que la Comédie, cela n'empêche pas qu'ils ne soient vivement touchés de la symphonie & des décorations, & que cela n'allume dans leur cœur un nouveau désir d'imiter les Français.

CHAPITRE XXVI.

Des ouvrages Périodiques.

LES Journaux, en prenant faveur, devinrent pour l'Europe un objet de commerce & de curiosité. Chaque Nation voulut se mettre au courant de la Littérature, & crut ne pouvoir mieux faire que de consulter les ouvrages périodiques qui s'impriment à Paris. Le Journal des Savans fut le premier qui parut en France, & il fut imaginé pour la commodité de la plupart des lecteurs, trop occupés pour lire des livres entiers, ou trop peu fortunés pour se les procurer. Comme ce dessein étoit très-utile & très-agréable, il a été imité sous je ne sais combien de titres différens.

Je n'entrerai point ici dans le détail des services que les feuilles Periodiques rendent journellement, soit en empêchant de mauvais écrivains de se mettre sur la scène, soit en coulant à fond ceux qui fatiguent le public par leurs inepties. Quand on réfléchit sur leur utilité, on n'est pas tenté de dire avec le Dictionnaire Encyclopédique, *qu'ils ne jugent qu'avec partialité, & que le moyen de profiter de leurs avis, consiste en général à rejetter tous les livres qu'ils louent, & à se procurer tous ceux qu'ils déprisent.*

Pour moi qui n'envisage les choses que de leur bon côté, je considere les Journaux comme ayant essentiellement contribué à corriger le style, à épurer le goût, à rectifier les pensées, & comme apprenant en peu de tems, & à peu de frais, beaucoup de choses qu'il est honteux d'ignorer.

L'analyse d'un livre vaut souvent mieux que le livre même : Eh! combien n'y en a-t-il pas de cette trempe dans les feuilles Périodiques ? On y trouve la substance des ouvrages les plus volumineux & les plus abstraits, & cela est présenté d'une manière claire & précise.

L'Etranger par ce moyen voit en abrégé toutes les productions Françaises, d'autant mieux qu'il n'y a pas une seule contrée en Europe, où les Journaux ne pénètrent. J'ai trouvé tous ceux qui s'impriment dans Paris, à Rome, à Naples, à Vienne, à Amsterdam ; & ces ouvrages, quoiqu'en dise l'envie, n'ont pas peu contribué à completter l'heureuse métamorphose dont nous sommes les joyeux témoins.

Si la critique des Journalistes n'est pas toujours faite avec impartialité, s'il y a dans tout ouvrage périodique des articles négligés ; c'est que l'imagination d'un Ecrivain se refroidit, qu'il est souvent obligé d'emprunter des secours qui secondent mal ses vues, & qu'il n'est pas possible qu'un Censeur, n'ait ni liaisons, ni parens, ni patrie, ni amis, ni ennemis. Autant d'inconvéniens qui n'empêchent que trop souvent un Auteur de se désintéresser.

Interrogez les hommes d'étude qui habitent la Bohême, la Transilvanie, la Courlande ; & ils vous parleront de nos Auteurs comme nous en parlons nous-mêmes ; ils vous apprendont leur manière d'écrire, ainsi que leur réputation ; & c'est le fruit des Journaux. Les Ambassadeurs les font connoître, les Etrangers qui ont voyagé les font venir, & on se les communique avec la plus grande célérité.

C'est d'après la lecture de nos ouvrages Périodiques, que l'Abbé Lami, si célèbre par son érudition, fit paroître toutes les semaines à Florence, une gazette Littéraire, & qu'on vit à Manheim, à Bruxelles, à Liége, à Bouillon, éclorre différens Journaux aussi agréables qu'utiles.

Il n'y a point aujourd'hui de cabinet d'étude où l'on ne trouve nos feuilles Hebdomadaires. Outre qu'elles n'effarouchent point par leur grosseur, qu'elles ne fatiguent point par leur diffusion, elles sont ordinairement si agréablement variées, si faciles à comprendre, que les jeunes gens & les femmes même les plus volages s'en amusent volontiers. La Poësie qui s'y trouve souvent mêlée avec la prose flatte tous les goûts, & les Enigmes mêmes ; quoique des productions assez bizarres, plaisent à une infinité de Lecteurs. Combien le Mercure de France n'intéresse-t-il point par sa variété! Combien le Journal de Mr. Linguet n'inspire-t-il pas à l'Etranger une nouvelle admiration pour le style & pour le génie Français!

Que de solitudes qui ne sont supportables qu'à raison des ouvrages Périodiques dont elles se meublent! c'est leur trésor, c'est leur société. Par ce moyen, quoiqu'au sein des Campagnes, on tient aux Villes, aux Cours, aux Empires, à l'Univers.

Meris m'invite à aller passer du tems dans son antique Château; j'y arrive : & après que j'ai demeuré quelques heures dans cette retraite où l'on ne me parle que de chevaux, de chiens, que de procès, où l'on n'apperçoit que de longues tours, de larges fossés qui m'attristent & m'effrayent, j'oublie *Meris*, pour lire le Journal Encyclopédique, pour parcourir celui des sciences & des beaux Arts, pour voir les affiches de Province, & je reconnois qu'une seule page de ces écrits, vaut infiniment mieux que le pauvre *Meris* tout entier.

J'ajoute que les Journaux ne sont gueres moins utiles aux esprits profonds, qu'aux esprits superficiels; s'ils donnent des lumières à ceux-ci, ils donnent des indications à ceux-là; & pour achever leur éloge, c'est qu'ils ont servi à établir des chambres de lecture, maintenant érigées dans toutes les grandes Villes, & qu'ils ont conséquemment répandu l'esprit Français chez toutes les Nations.

Quant aux Gazettes, qui prirent naissance à Venise, on voit qu'elles sont aujourd'hui presque toutes écrites en Français, & conséquemment autant de voix qui publient que la langue qu'on parle à Paris, est vraiment universelle.

Quiconque ne lit, ni les Gazettes, ni les Journaux, peut se regarder comme étranger au monde politique & littéraire; celui au contraire qui les voit assiduement, est présent à tous les évènemens, vit dans tous les pays, fréquente toutes les Nations, converse avec tous les Auteurs, assiste à tous les mariages & à toutes les sépultures; mais je ne prétens pas qu'on doive étudier une gazette, comme cela n'est que trop ordinaire chez les hommes ineptes qui lisent très-lentement pour ne rien retenir.

CHAPITRE XXVII.

Des Promenades.

Excepté Londres, où l'on fut toujours dans l'habitude de courir à pied, la Noblesse en Europe ne connoissoit point le plaisir de marcher ; soit qu'on craignît de compromettre sa grandeur en se mettant au niveau du peuple, soit qu'on eût peur de se lasser, on ne sortoit qu'en équipage.

L'habitude où l'on est à Paris de se répandre dans les différens jardins qui ornent cette Capitale, & qui sont supérieurs à tous ceux de l'Univers, a dessillé les yeux des Européens. Ils osent maintenant descendre de carrosse, & faire usage de leurs pieds.

Les Italiens se font suivre, il est vrai, par leurs équipages & par leurs gens ; mais du moins ils marchent, & avant que les Français leur en eussent donné l'exemple, ils ne connoissoient d'autre manière de prendre l'air, que de rouler superbement dans de tristes carrosses.

Le *Prater*, à Vienne en Autriche, devient de plus en plus une promenade publique ; & chose qui mérite d'être notée, c'est que malgré la répugnance que les gens de qualité y montrent pour la petite noblesse, & sur-tout pour la roture, ils s'apprivoisent avec elle de manière à la voir, & même à la froisser sans frémir.

Il n'y a pas de doute que les promenades n'ayent beaucoup contribué à mettre les modes en faveur. Comme c'est le moment où chacun veut paroître, alors on affecte d'étaler la parure la plus nouvelle & du meilleur goût. C'est ainsi que les Parisiens affichent les pompons, les coëffures, & tous les colifichets nouvellement imaginés. Ils les font voir au Palais Royal, aux Tuileries, aux Boulevards avec une satisfaction qui a l'air d'un triomphe, & qui fait que l'Etranger goûte enfin la promenade, & en fait usage lorsqu'il est de retour chez lui. Les Jardins publics que les Français savent parfaitement dessiner, les Italiens orner, se sont multipliés de toutes parts, d'après ceux des Tuileries & du Luxembourg ; & il faut avouer que ces lieux enchantés, sont trop superbes & trop agréables, pour ne pas inspirer le désir de les copier.

CHAPITRE XXVIII.

Des Tables.

C'EST certainement aux Français, & perſonne ne le conteſtera, que l'Europe doit l'honneur ineſtimable de ne plus noyer ſa raiſon dans le vin, & l'avantage de manger avec délicateſſe. Je ſais que les Italiens ne donnerent jamais dans l'excès de l'yvreſſe; mais comme ils ne tiennent point table, & qu'une des principales vertus de la nobleſſe Italienne c'eſt la ſobriété, on ne peut leur attribuer la gloire d'avoir banni l'ivreſſe des feſtins.

Un Etranger qui voyageoit autrefois dans l'Allemagne & dans la Pologne, & qui ſe trouvoit à la table des grands, essuyoit une vexation de la part des convives, s'il ne buvoit pas. On le forçoit de faire tête à la compagnie, & il falloit boire à la santé des vivans, & même des morts ; car on terminoit ordinairement la séance sans trop savoir ce qu'on disoit.

Cette étrange coutume est maintenant abolie, & sans l'excellence & la variété des vins qui donnent aux fêtes Allemandes une prééminence sur les festins Français, on ne boit pas plus à Varsovie & à Prague, qu'à Paris. Il n'y a que les Anglais qui n'ont pas encore voulu se dessaisir de ce mauvais usage ; ce qui ne contribue pas peu à rallentir leur ardeur pour les sciences.

Les Etrangers, soit en fréquentant les Ambassadeurs Français, soit en venant eux-mêmes en

France, ont enfin appris que la tempérance eft fpécialement la vertu des gens bien nés, & que s'il arrive de prendre quelquefois dans la crême des vins, une pointe de gaieté, il eft odieux d'y perdre fa raifon & fes fens. On ne peut néanmoins difconvenir, que nos repas font devenus très-ennuyeux, depuis qu'on a des prétentions à l'efprit, & qu'il n'y a que la bonne chere qui les foutient; mais elle y eft excellente.

Célifor ne dit qu'un mot à fon Maître-d'Hôtel, & une table de cent couverts s'annonce comme par enchantement, ornée de tout ce qu'il y a de plus exquis. La couleur des mets, l'odeur des ragoûts préludent l'excellence du banquet. Tous les goûts s'y trouvent, & tous s'y confondent, tant ils font variés, & bien affortis. *Célifor* n'eft point un homme unique ; mais un Français qui n'eſtime les repas qu'autant qu'ils ſont fins, & qui a des émules à Bordeaux comme à Nantes, à Lyon comme à Rouen. Que dis-je ! il eſt maintenant des *Céliſor* dans toutes les parties de l'Europe, qui connoiſſent le *Cuiſinier Français*, comme un livre très-utile, & qui le mettent en pratique.

Quelle gêne autrefois qu'une table Ruſſe, & maintenant quelle liberté, quel agrément ! on y parle avec intérêt, on y rit avec aiſance, on y mange avec délicateſſe, & c'eſt encore un miracle Français.

On ſoupe à Milan, depuis que le maréchal de Villars y introduiſit la coutume de donner des repas; on feſtine à Turin comme dans un pays qui avoiſine Grenoble & Lyon, & l'on commence dans Rome même, d'après le bon exemple des Ambassadeurs Français, à connoître la bonne chere, & à savoir par fois en user.

Venez sans façon dîner chez moi, dit amicalement un Napolitain à un aimable voyageur qu'il connoît; nous serons moins que les Muses, plus que les Grâces, le nombre, en un mot, qui convient, pour que la conversation soit générale & pas trop bruyante.

Oh! répond l'Etranger, ce n'est pas un Napolitain qui m'invite, mais un Français : il faut en effet convenir qu'on se croit à Paris, & non à Naples, quand on est aussi agréablement invité.

CHAPITRE XXIX.

Des Chanſons.

Il n'y a point de peuple qui ne connoiſſe le doux plaiſir de chanter, & qui n'en ait ſouvent beſoin pour s'étourdir ſur les malheurs inſéparables de l'humanité. A meſure que les mœurs ſe ſont épurées, les Chanſons ont été plus honnêtes, mais bien moins naïves ; pour ne pas bleſſer la délicateſſe, on a été obligé de retenir une ſaillie, & cette contrainte a mis des entraves aux mots comme aux penſées.

Toute Chanſon, à moins qu'elle ne ſoit une Romance, doit, pour être bonne, avoir l'air d'un impromptu. On la dénature, ſi l'on y met trop d'esprit, & c'est le vice de notre siècle, qui pour vouloir trop raffiner, a perdu le goût des bonnes Chansons.

Les Ariettes ont pris leur place: le plus mince artisan croiroit aujourd'hui pécher contre le costume, s'il fredonnoit autre chose que quelque Fragment d'un Opéra-comique.

Quand reverrons nous l'heureux tems où l'on chantoit Bacchus sur toutes sortes d'airs, où l'on égayoit les convives par quelqu'agréable Chansonnette que la circonstance faisoit naître, ou l'on n'étoit pas obligé de fredonner & de rétrecir son gosier, pour mériter des applaudissemens, & pour captiver l'attention.

Les Français n'étoient encore que Gaulois, qu'ils se rendirent célèbres par leurs Chansons. Les anciennes histoires en parlent comme d'un passe-tems, qui prouvoit leur gaieté. Depuis cette vieille époque, ils se sont si peu démentis sur l'article, dit le Docteur Zanotti, que leurs ouvriers, & leurs déserteurs, en passant chez l'étranger, y portent le goût des Romances & des Chansons.

On rapporte qu'un Cordonnier François établi à Stokolm, après avoir excité la risée du public par son infatigable assiduité à chanter, communiqua sa manie à presque tous les Artisans de la Ville, qui ne pouvoient plus travailler, sans exercer leur voix.

Ce qu'il y a de sûr, c'est que la plupart des Chansons Françaises se trouvent sur les lèvres de plusieurs Européens ; c'est que la gaieté qu'elles inspirent, saisit par accès les peuples de différens climats, & qu'on les entend chanter à table, dans des Guinguettes toutes semblables à celles de Paris.

Florimond a des chagrins qui accableroient toute personne qui réfléchit, & une heure de bon tems lui fait oublier le présent comme le passé; il ne sait pas quel sera demain son sort; mais il sait qu'il se réjouit actuellement, & cela lui suffit. On l'entend chanter à pleine voix, & les Anglais qui ne sauroient lui pardonner de survivre à son infortune, parient, avec raison, que *Florimond* est Français.

Quel plus agréable spectacle, que tout le peuple Parisien divisé par pelottons dans les différentes *Courtilles* qui environnent Paris! Ici c'est toute une famille, là un grouppe d'ouvriers, qui par leurs expressions naïves, leur ton plaisant, annoncent la confrairie des heureux. Ils noyent leurs chagrins dans

dans un verre de vin, & après avoir bu, ri, chanté, ils s'en reviennent charmés de leur journée, & mille fois plus contens de leur fort, que s'ils étoient opulens.

La même chose se répète aux Boulevards, ou des symphonies distribuées avec ordre, égayent les esprits, réjouissent les sens, forment un spectacle qui ne coûte rien, & ces différentes scènes (n'en doutons pas) affectent vivement l'Etranger qui les voit. Il commence par les admirer, & de retour dans sa patrie, il en parle de manière à faire naître le desir de les renouveler.

CHAPITRE XXX.

De la Gaieté.

QUOIQUE la gaieté, & sur-tout celle des Français, soit un sujet inépuisable, je serai très-laconique sur cet article, ayant donné il y a quelques années, un livre qui porte ce titre; il ne faut pas se répéter.

Il étoit impossible que la gaieté Françaiſe toujours pétillante, toujours variée, ne saisît insensiblement les Etrangers. Il n'y a que les Hollandais & les Eſpagnols, qui tiennent encore pour la gravité, quoique depuis un demi-siècle, ils aient considérablement déridé leur front. Les Français, tout en les révoltant, les ont égayés; ce que n'avoient pu faire leurs femmes naturellement enjouées. C'est le coup-d'œil le plus singulier, de voir aux promenades d'Amsterdam, les hommes fumant leur pipe, & ne disant mot, tandis que leurs épouses babillent & folâtrent, tant qu'on veut; de-là vient que le célèbre Boerrhaave disoit d'un ton magistral, *que la femme étoit faite pour causer, & l'homme pour penser.*

J'ai voulu souvent chercher la cause de la gaieté des Français, & je crois la trouver dans leur légèreté. Ce n'est en effet qu'en songeant trop profondément, qu'on s'attriste. Le trajet de la vie est un mauvais pas à franchir, & le Français le saute, dans la crainte d'y rester.

D'ailleurs on n'est sociable, que lorsqu'on est enjoué, & par cette raison il seroit à désirer que tous les hommes prissent de tems en tems le soin de s'égayer. Quiconque se creuse, fait de lui-même un tombeau, & devient un personnage mort pour la société. Les réflexions suffoquent, lorsqu'on les pousse trop loin ; & cela est si vrai, qu'on ne doit être sage qu'avec sobriété.

La gaieté, plus que toutes les leçons, a corrigé la plupart des Européens, de leur insociabilité. On devient communicatif sans effort, lorsqu'on rit volontiers. L'homme gai parle à tout le monde, & l'homme triste, ou sérieux, se renferme en lui-même, croyant n'avoir besoin que de lui seul.

Ce qu'il y a d'admirable, c'est que les affaires, les sollicitudes, les chagrins même n'alterent pas la gaieté des Français. Ce ne sont que des nuages qui se dissipent, & qui n'empêchent pas le soleil de briller,

Je ne m'étonne plus, si l'Etranger qui les visite, ne peut les quitter, & je serois fort surpris si, à leur exemple, il ne savoit pas s'égayer.

Mon fils arrive de Paris, où il a passé six mois, disoit une Comtesse de la Souabe, *& ce qui me flatte, c'est que je suis assurée que maintenant il rira.* Le commerce avec les Français opère tous les jours de semblables métamorphoses, quoique leur gaieté ait beaucoup baissé, depuis que chacun veut être Philosophe, Politique, Agriculteur; mais, comme dit une Chanson, *ça ne dur'ra pas toujours.*

CHAPITRE XXXI.

Des Cafés.

Qui se seroit imaginé il y a deux-cents-ans, qu'une petite fève venue d'Arabie, feroit éclorre en Europe une multitude de boutiques aussi agréables que commodes, où les Citoyens se rassembleroient, où les Etrangers se donneroient rendez-vous, où par des jeux innocens on dissiperoit le chagrin & l'ennui.

Rome, Paris, Londres, goûtent tous les jours le prix d'une telle institution. On voit à Venise, jusqu'aux femmes les plus distinguées, fréquenter les Cafés, & prouver par leur exemple, (qui pourroit être quelquefois suivi), combien un lieu décent, ouvert à tous les honnêtes gens, renferme d'agrémens & d'avantages.

C'est aux Cafés qu'on doit une infinité de liaisons contractées par les voyageurs. Ils font dans chaque ville un signe de ralliement; & bien des personnes seroient embarrassées de leur tems, s'ils n'existoient pas.

Le Dictionnaire Encyclopédique les qualifie de Manufactures d'esprit, tant bonnes que mauvaises, & il faut avouer qu'ils furent souvent des lieux d'escrime pour les Auteurs. On se rappelle encore combien les Cafés qui dans Paris avoisinoient la Comédie Française, étoient fréquentés, lorsque certains Ecrivains à la mode, y tenoient école de Politique, de Littérature & de Philosophie.

Il en existe encore de cette espèce, où l'Etranger apprend à débiter des nouvelles, tant fausses que vraies, & à discerner les bonnes Comédies des mauvaises, pourvu toutefois que la cabale ne s'en mêle pas.

Les Cafés, d'ailleurs, étant le rendez-vous des jeunes gens qui suivent les modes de préférence, on est sûr d'y voir les nouvelles frisures, les nouvelles boucles, les nouvelles étoffes.

Il en est de même des Cafés chez les diverses nations. Le Français qui voyage, curieux de voir & d'être vu, ne manque pas de s'y présenter, & dans un clin-d'œil il instruit tous ceux qui s'y trouvent, de la manière de nouer une cravate, d'étager les cheveux, de boutonner un *frac*. On le dévore des yeux, tant il paroît leste

& élégant, tandis qu'il se fait écouter de tous ceux qui l'environnent.

S'il ne sait pas la langue du pays, il parle la sienne. Chacun se dit à l'oreille, qu'il est réellement intéressant, & chacun se propose de l'imiter. Dès le jour même, des Tailleurs sont appelés, afin de copier exactement la forme de son habit.

Les peres attachés à la vieille routine regardent cette démarche comme un attentat fait à leurs mœurs ; ils murmurent, ils entrent en fureur : mais leurs fils sont déja vétus selon la nouvelle mode, & c'est un torrent qu'on ne peut plus arrêter.

Ainsi mille fois dans les Cafés, tant à Munich, qu'à Berlin, tant à Liége, qu'à Rotterdam, on prit, à la seule inspection d'un

Français, sa manière de se mettre, de se présenter, & d'exister.

Les Cafés étant la résidence ordinaire de plusieurs jeunes gens, c'est toujours par eux, comme ayant le talent singulier de saisir les nouveautés, que l'élégance des modes s'introduit. On se plaît à les voir arborer le pavillon de la variété.

Autrefois les Européens se tenoient claquemurés dans leurs maisons : maintenant ils se produisent, & ils aiment à converser. S'il existe encore certaines Nations fières, qui craignent de se compromettre en paroissant au Café, des Princes mêmes ont dû leur apprendre, qu'on ne perd rien de sa grandeur, en s'y faisant voir. Plus d'une fois, en voyageant, ils y parurent *incognitò*, quoique tout le monde les connût. Cela n'empêche pas qu'un Café ne soit un lieu pitoyable pour quiconque y passe ses jours à végéter; & malheureusement il n'y a que trop d'oisifs qui suivent ce train de vie. Ils s'y trouvent dès dix heures du matin, attendant avec impatience le moment de dîner, & ils y rentrent sur les trois heures après midi, dans l'espoir d'y faire un leste souper.

Que de tels hommes ne font-ils pêchers ou pommiers! Du moins ils donneroient des fruits, au-lieu qu'ils ne font que charger la terre du poids de leur existence; & ce sont néammoins ceux-là qui crient ordinairement avec plus de force contre les Moines, les traitant d'êtres inutiles, qu'on doit supprimer. Si l'on retranchoit tous les individus dont la Patrie ne tire aucun service, que de frélons anéantis!

Voyez *Nidas*, qui plus vîte que le vent traverse la ville dans un équipage prêt à tout écrâser, vous diriez qu'il s'agit de sa fortune, ou de sa vie, & il n'a pas d'autre chose à faire, que ce qu'il fait tous les jours; ennuyer les autres & s'ennuyer.

CHAPITRE XXXII.

De l'Élégance.

Tout ce qui caractèrife une certaine délicateffe dans la manière de s'habiller, de fe préfenter, de marcher, de danfer, d'écrire, de converfer, s'appelle élégance; & c'eft ce que le Français connoît parfaitement. Perfonne ne fait mieux que lui fe chamarrer de gentilleffes, & faire connoître qu'il ne les doit qu'à lui-même, tant il eft fvelte & fémillant.

N'eût-il qu'un habit de coutil, il fait lui donner de la grâce. Il y a dans fa phyfionomie, dit Bourfault, quelque chofe qu'on ne peut définir, & qui intéreffe, qui touche, qui perfuade. Il ne gefticule pas comme l'Italien; mais il communique au moindre geste une impression d'amabilité qui séduit les spectateurs, & chez lui cela coule de source; on croit que c'est la nature même.

Ne venez plus me voir, disoit une prude, au sémillant Marquis de l'Etoriere; *vous me tournez la tête, & vous seriez cause avec vos fanfreluches, vos breloques, vos gentillesses, vos airs, que je n'irois point au Ciel.*

Aussi Scarron disoit-il, *qu'il s'étonnoit de ce que Satan pour séduire Eve, n'avoit pas pris l'élégance & la tournure d'un Français.*

Il faut le voir lorsqu'il se présente, & sur-tout lorsqu'il a quelque dessein; on le diroit à ressorts, tant il est mobile & pliant. Parle-t-il de quelque chose d'important, il fait taire l'homme le plus savant, tant il a de facilité à s'exprimer, & tant il est séduisant ; persiffle-t-il quelque pédant qui lui déplaît, il raille de manière, qu'en dépit de ses paradoxes, les rieurs sont pour lui. Moins laconique que l'Anglais, moins prolixe que l'Italien, il est tout-à-la-fois énergique & touchant. S'il badine, c'est avec aménité, & lorsque la conversation devient trop sérieuse, il a un talent unique pour l'égayer, ou pour faire lestement une pirouette, & pour disparoître. Il est ici, il est là, il n'est nulle part : il est par-tout, s'isolant, & se multipliant avec la même agilité.

S'il est Seigneur, il communique à tout ce qui l'approche, un air d'élégance qui ravit ; ses gens, ses chevaux, ses chiens même, tout semble se ressentir de son goût pour le faste, & pour la parure. S'il n'est dans la classe, ni des riches, ni des grands, il en a le jeu, lorsqu'il faut se présenter, ou briller; & c'est alors qu'il feroit plutôt des dettes, que de rester dans l'obscurité. Il pense que le public doit lui payer son amabilité, & qu'on est trop heureux, quand on achete le plaisir de l'admirer.

Il chante avec goût, il fredonne avec gentillesse, il pleure même avec grâce; car tout léger qu'il paroît, il fait regretter ses amis, & il est fait pour en avoir.

Mais il faut le voir en cabriolet, pour peu qu'il donne le tems de le fixer; c'est un torrent pour la rapidité, un zéphir pour la légèreté, une tempête pour le fracas: il passe au milieu de la foule, comme s'il n'y avoit personne, il se dégage de tous les embarras, il ne touche pas la terre: c'est *Camille* qui marche sur les épis, sans les courber. (Si l'on ne fait pas ce que c'eſt que Camille, tant-pis pour les ignorans.)

Ceux qui n'imiterent pas l'élégance des Français, imiterent au moins leur goût pour la propreté. Je ne parle point ici de cette affectation puérile qui rend les Hollandais ſi minutieux ſur l'article de leurs parquets; ni de cette ſenſibilité ridicule qui leur cauſe les plus vives palpitations, lorſqu'un eſcalier n'eſt pas luiſant comme un miroir.

Autant de petites miſères qu'un être raiſonnable doit mépriſer. La propreté qui, par le moyen des Français, s'introduiſit chez l'Etranger, n'eut pour objet que les tables, les ameublemens, les habits; & cela étoit néceſſaire chez certains peuples qui, au milieu de leurs richeſſes & de leurs Vaſſaux, vivoient ſordidement dans le détail de leurs maisons. On découvroit sous l'or & sous la soie la plus révoltante mal-propreté. Il en reste encore quelques vestiges chez certains habitans du Nord, ou, sans être délicat, on est ridiculement fastueux.

CHAPITRE XXXIII.

Des Jeux.

Depuis que les hommes exiſtent, ils ont joué; l'eſprit, ainſi que le corps, ayant toujours eu beſoin de délaſſement & de repos; mais il leur falloit cette gaieté Françaiſe, qui, pour rendre les jeux piquans, donne aux récréations de l'élaſticité.

Elle s'eſt heureuſement répandue cette aimable gaieté preſque dans tous les climats, & ſoit à la paume, ſoit au billard, ſoit au piquet, ſoit au trictrac, & même aux échets, on voit maintenant les Européens rire & s'amuſer.

C'étoit jadis une Comédie d'obſerver un Allemand ou un Hollandais, lorsqu'ils lançoient une balle, ou qu'ils pouffoient une bille. Ils faifoient cet exercice auffi férieufement qu'on tire un coup de fufil.

Les Anglais croyoient faire un grand éloge de leur Wisk, en difant qu'on n'y doit point parler ; mais autant faudroit-il étudier. Tous ceux qui font de bonnefoi, conviennent facilement que ce jeu eft bien moins agréable à Londres qu'à Paris, parce qu'on ne joue ni pour s'ennuyer, ni pour s'appliquer.

Les jeux ne font exactement dans leur centre, que chez les Français. Ils donneroient même, au jeu de l'oie, de l'intérêt & de l'activité, par la manière dont ils favent s'amufer. Leurs yeux, leurs attitudes, leurs geftes, tout parle, tout égaie le fpectateur même, quand ils fe livrent à quelque délaſſement. S'ils perdent, ils jurent un inſtant, & voilà leur mauvaiſe humeur paſſée; au-lieu que les habitans du Nord, toujours trop rêveurs, ſe conſument intérieurement, & ſavourent leur chagrin, comme s'il étoit gracieux de s'appéſantir ſur ſon mal.

J'ai perdu l'impoſſible, dit *Florus* à ſon ami, un argent conſidérable, & qui m'étoit néceſſaire pour ſubvenir à des beſoins urgens; il faut que je ſois l'homme le plus malheureux; mais, où ſoupons-nous ? On lie une partie, & il n'eſt plus queſtion de regrets, ni du jeu. *Florus*, ſans être Philoſophe, penſe qu'il eſt ridicule de s'affliger d'un mal qu'on ne peut plus empêcher: il ſe réjouit, & il n'a pas tort, ſi toutefois il ſe corrige.

CHAPITRE XXXIV.

De la Légèreté.

Oui, cette légèreté qu'on reproche aux Français, & qui, sans changer leurs constitutions & leurs loix, change leurs modes, & diversifie leurs plaisirs, leur a mérité l'avantage d'avoir beaucoup d'imitateurs. On aime en général le mouvement; & cela est conforme à notre cœur & à notre esprit, dont les affections & les idées sont dans un flux & reflux continuel : de sorte qu'on peut dire que l'homme par sa nature est plutôt volubile que constant.

Les Anglaises, comme les Allemandes, trouverent qu'il étoit beaucoup plus agréable de varier les plaisirs, les ajustemens, les propos, que d'être minutieusement asservi à un genre de vie monotone.

Quelle différence, dirent-elles, entre nos maris toujours également froids, toujours morofes, toujours dédaigneux, & des Prothées qui paroissent fous toutes les formes, pour plaire, & pour intéresser ! Ceux-ci fatiguent la société, & ceux-là font tout-à-fait amusans. Cela se répéta, & comme ce qui est agréable fascine les esprits, les Français n'eûrent plus tant de contradictions à essuyer.

C'est par séduction, disoit un Ambassadeur Suédois, *que nous sommes devenus Français. Nous n'avons pu résister à des manières aussi engageantes que persuasives, à des dehors qui annoncent la sérénité & la joie.*

Les Panégyristes de l'uniformité

étouffent l'âme, qui toujours dans l'action ne cherche qu'à prendre l'essor, & d'ailleurs faut-il donc pour mériter des éloges, passer sa vie à regretter une personne lorsqu'on l'a perdue, attendre des années avant de se faire un ami, & peut-être mourir avant de l'avoir trouvé, pâlir sur un *in-folio*, pour en étudier chaque syllabe & chaque mot, enfin se consumer en réflexions, sans ôser varier, ni ses récréations, ni ses travaux.

Il me semble qu'en imitant la Nature qui diversifie continuellement ses spectacles & ses productions, on participe davantage à l'harmonie de l'univers, & l'on entre dans l'ordre que la Providence a sagement établi.

Il y a parmi les hommes des papillons, comme parmi les animaux ; & si le hibou qui vit silencieusement

cieusement dans le creux d'un rocher, n'a pas droit de mépriser l'hirondelle, qui gazouille, qui voltige, qui change de climat, pourquoi l'homme monotone dans ses manières & dans ses goûts, méseſtimeroit-il celui qui a en partage la légèreté.

Tantôt des pleurs, tantôt des ris, tantôt des réflexions, tantôt des saillies, tantôt des raisonnemens, tantôt des facéties ; voilà le Français, & voilà la nature qui offre alternativement à la vue des brouillards & des éclairs, des glaçons & des fleurs, des frimats & des fruits.

Le Français sans sa légèreté, n'eût pas charmé les Européens, ne les eût pas séduits. Il lui falloit des nuances différentes pour l'Anglais & pour l'Italien. On sait que l'un aime ce qui est sérieux, & l'autre ce qui est plaisant.

C'est la légèreté des Français qui les répandit chez toutes les Nations. Ils renouvelerent Démocrite, en n'aimant la Philosophie qu'autant qu'elle fait rire, & en abjurant celle d'Héraclite. On leur passa bien des choses à raison de leur volubilité, & l'on eut raison. Il faut nécessairement qu'ils parlent, qu'ils s'amusent, qu'ils chantent ; autrement ils se dénaturent, & ce ne sont plus eux-mêmes.

On s'imagina pendant quelque tems, qu'on alloit, en France, prendre le flegme des Anglais, parce qu'on y prenoit goût pour leur punch, pour leurs courses, pour la coupe de leurs habits ; mais la gaieté des Français ne dépend, ni de la manière de courir, ni de celle de s'habiller ; c'est tout simplement une nouveauté qu'ils auront voulu essayer. Paris ne retracera jamais Londres, malgré l'affectation de quelques jeunes gens, qui, pour être singuliers, se plaisent à paroître Anglais, & malgré la frénésie de quelques insensés qui ont poussé la mélancolie jusqu'à se tuer.

La gaieté se fût insensiblement perdue, disoit le Comte Sinzindorff, sans la belle humeur des Français. Ce sont eux qui la maintinrent, lorsque tous les peuples sembloient y renoncer. Ils la conduisirent avec eux dans tous leurs voyages, & ce ne fut pas sans besoin.

Qu'auroient-ils fait, juste ciel ! sans cette joyeuse compagne, au sein de l'Ecosse, de la Westphalie, parmi les Turcs, parmi les Lapons. C'est-là que pour ne pas périr d'ennui, il fallut s'égayer, passer d'un objet à l'autre, faire rire des hommes, qui vraisemblablement n'avoient jamais ri. Tout autre qu'un Français, y eût échoué; mais on peut tout lorsqu'on est insinuant. Des manières sont souvent plus persuasives que des talens & des qualités. On ne voit pas tout ce que nous savons, ni toutes les vertus que nous possédons; mais on voit comment nous nous présentons; c'est une enseigne qui nous annonce dans un moment. D'ailleurs, le mérite ne nous fait que trop souvent des ennemis, & l'amabilité nous concilie tous les esprits.

CHAPITRE XXXV.

De l'art de gagner les Esprits.

JOBEL arrive à peine dans une terre étrangere, qu'il s'informe des femmes qui donnent le ton ; que dès le soir même il est à leurs côtés, le lendemain à leur table, le sur-lendemain à leur toilette, leur fredonnant les choses les plus agréables & les plus passionnées. Il prépare son langage, il monte son esprit, il étage sa frisure, il parfume sa personne, il compose son maintien, il égaie le propos, &, sans que l'art paroisse, il a l'air du monde le plus naturel. Dejà il excite la jalousie ; mais bientôt il gagne la confiance du mari, & il lui persuade enfin, que ce n'est plus la mode d'être jaloux.

Le Français, naturellement adroit, eut toujours pour méthode de gagner le maître de la maison, quand il veut se rendre le bon-ami de la maîtresse. Si c'est un Hollandais, il prend la pipe & fume avec lui ; si c'est un Anglais, il lui vante les charmes de sa liberté ; si c'est un Suisse, il exalte son Gouvernement ; si c'est un Italien, il ne lui parle que de musique & d'instrumens. Comment ne parcourt-il pas les plantes, supposé qu'on soit Botaniste ; les fleurs, au cas qu'on soit Fleuriste !

Ne menons point votre femme en campagne, lui dira-t-il, (un jour qu'on doit aller s'y promener) crainte qu'elle n'en fut incommodée ; d'ailleurs nous chasserons. Par cette feinte ingénieuse, le bon époux ne soupçonne pas qu'on aime son épouse, & tout bonnement il se croit le seul fêté.

Il n'y a personne comme les Français en fait de galanterie ; & il n'y a point de stratagêmes que les Européennes n'aient souvent imaginés pour ne pas manquer leur rendez-vous. Elles savent que toujours prêts à escalader, toujours prêts à se battre, ils ne sont arrêtés ni par des murs, ni par des épées, & cela les enflamme vivement.

Autant de traits dont je ne prétends pas faire l'Apologie ; mais qui montrent que la galanterie Française fut un acheminement à la révolution excitée dans l'Europe.

Le mal comme le bien, entre dans l'ordre des évènemens, & souvent il en est la cause.

CHAPITRE XXXVI.

De la Liberté.

JE ne dirai point ici que le plus bel appanage de l'homme est la liberté; que quiconque s'enchaîne, à moins que ce ne soit par un mouvement surnaturel, est vraiment un insensé, & que le repentir n'est que trop souvent le salaire de ceux qui se sont cloîtrés.

Je ne considere ici la liberté, que sous cet air d'aisance, qui dégage les Français de mille contraintes & de mille contrariétés, qui les empêche de ramper devant les grands, & qui leur fait connoître l'honneur d'être homme, & l'avantage d'être citoyen.

Jamais le Français n'auroit francifé les Nations; s'il eût été l'esclave de la coutume, & du préjugé; mais s'élevant au-dessus de je ne fais combien d'anciens usages, il en fait de nouveaux, se jouant de l'étiquette, & de la dépendance. Sans manquer aux loix, sans manquer à ses maîtres, il s'affranchit de la gêne, & de la sugestion. Tout autre joug qu'une obéissance raisonnable lui pèse, & voilà pourquoi il a l'air de ne faire que ce qu'il veut.

En vain les différentes Nations étalent leurs modes & leurs usages à ses yeux, il n'y a pas à craindre qu'il cesse de paroître Français, pour se faire voir sous les dehors de l'Allemand, ou de l'Espagnol. Il endosseroit l'habit Turc ou Persan, que par ses manières aisées, on le reconnoîtroit toujours pour ce qu'il est.

C'est ce ton d'indépendance qui

le fait passer pour étourdi ; mais il faut convenir qu'en parlant de tout ce qui lui plaît, qu'en s'introduisant par-tout, il se faufile aisément avec les Etrangers, & qu'il les force en quelque sorte à devenir ses amis. L'Espagnol, esclave de sa fierté, ne peut comprendre qu'on soit aussi familier, & néanmoins il finit par connoître les agrémens d'une telle familiarité.

Rien ne joue mieux le disparate, qu'un Français & qu'un Hollandais, qui arrivent dans une Cour étrangere. Ce dernier n'est pas encore dans le vestibule du Palais, que le premier a déja passé une enfilade d'appartemens, & qu'il est avec le Ministre ; il fait si bien qu'il lui parle, & qu'il triomphe de tout obstacle par ses manières aisées. Assuré de se présenter avec grâce, il s'avance au lieu de reculer, & il en résulte, que si on ne lui accorde pas ce qu'il demande, on convient au moins qu'il est aimable, & qu'il a bon air.

Je me souviendrai toujours d'avoir lu sur les murs de Spolette, petite Ville de l'Etat Ecclésiastique : *Le Chevalier de Marnon, Français, a passé ici le 20 Août 1751, en allant à Rome, n'ayant que 3 livres 10 sols pour toute ressource, & n'en étant pas plus inquiet.*

On reconnoît à ces traits la liberté Françaife, qui se joue de l'infortune, qui prend sans souci le tems comme il vient, & qui ne veut pas même dépendre de l'inquiétude & du chagrin. *C'est assez,* disoit Fontenelle, *qu'on soit esclave des élémens, sans se donner d'autres entraves.* Aussi vécut-il près d'un siècle, dînant chez l'un, badinant chez l'autre, & ne s'occupant chaque matin, que du jour qu'il avoit à passer.

L'étiquette, comme la retenue, empêche je ne sais combien d'Etrangers de parler, & de se produire, tandis que le Français abrège les difficultés, s'avance, se montre, & veut se faire écouter. Aussi dans quelque Ville où il passe, n'y reste-t-il point inconnu. On le voit, on l'entend, & l'on convient que, s'il cause outre mesure, il babille au moins joliment ; de-là naît un desir tout naturel de l'imiter, & c'est la jeunesse naturellement vive qui commence par le copier.

CHAPITRE XXXVII.

Des Arts.

QUOIQUE les Arts aient paru se complaire en Italie, plus que partout ailleurs, ils n'en sont pas moins en faveur parmi les Français. Ils ont en ce genre des chef-d'œuvres qui ne prouvent pas moins leur génie, que leur dextérité.

Sans parler ici de la Peinture, de la Sculpture, qui brillent tous les jours dans des ouvrages finis; dont l'ordonnance, l'expression, la draperie, rendent Paris l'émule de Rome même, la Gravure y est portée à sa perfection.

On y voit un burin qui donne de la vie aux choses les plus inanimées, & qui met l'art au niveau même de la nature.

L'Europe y a applaudi, en devenant l'admiratrice des eſtampes qu'on grave journellement à Paris, & en ſe les procurant avec une avidité incroyable. On a peine à ſe perſuader tout l'effet qui en a réſulté. Les mœurs Françaiſes pittoreſquement exprimées par l'art des plus habiles Graveurs, ont ſervi de modèles aux diverſes Nations, qui déſiroient les copier; car il n'y a rien qu'on n'ait buriné d'après nos uſages, nos modes & nos ſociétés.

Danoiſes, Saxones, Suédoiſes, toutes ont dans leur cabinet, l'emblême de nos toilettes, & de nos ajuſtemens, & c'eſt un avertiſſement continuel qui les engage à les imiter. Auſſi n'y ont-elles pas manqué. On diroit que chaque pays eſt réellement tributaire de Paris, & qu'il doit un hommage à toutes ſes fantaiſies;

& ce qu'il y a de surprenant, c'est que ce fanatisme n'est point passager, & qu'il ne fait que croître, au-lieu de diminuer.

Il faut avouer que les estampes qu'on multiplie à profusion, sont réellement séduisantes, & que tout engage à se les procurer, tant il est vrai que les Arts sont magiques, quand ils arrivent à leur perfection.

Si je parle maintenant de ceux dont tout le monde reconnoît la nécessité, tels que la Chirurgie, on conviendra que la France donne en ce genre des leçons à l'Univers.

Il n'y a personne en Europe qui ne connoisse la supériorité de l'Ecole de Saint-Côme, sur celles du monde entier. La dextérité des Chirurgiens Français répond à leur savoir. Les fractures, comme les plaies, se guérissent par leurs soins, par leur habileté, presque par leur attouchement, & je ne connois point de pays où l'on ne trouve quelqu'élève formé de leurs mains. On les appelle de toutes parts, sur-tout dans la partie du Nord. Une Princesse Allemande, une Comtesse Polonaise, ne se croient bien saignées que par un Chirurgien venu de Paris, & l'on ne peut disconvenir qu'on y acquiert une adresse qui n'est pas concevable.

L'Europe n'a pas la même idée des Médecins Français. Elle ne les croit bons que dans les maladies aiguës, parce qu'ils aiment à se décider promptement, & que c'en est l'occasion. Le reproche qu'on pourroit leur faire, & qui seroit peut-être mieux fondé, c'est qu'ils rejettent avec autant de mépris que d'opiniâtreté, tous les médicamens qu'ils n'ont pas proposés, que ce n'est jamais le cas de s'en servir, & qu'ils sont trop prodigues du sang humain.

Il est étonnant combien Paris renferme d'Artistes en tout genre ; ils y sont même en si grande quantité, que cela fait la richesse des pays Etrangers, où il en passe annuellement des essains. Leur émigration est un nouveau moyen de répandre & de perpétuer le génie Français.

CHAPITRE XXXVIII.

Des Académies.

Il n'y a pas de doute que les Sociétés Savantes & Littéraires de Paris, n'aient beaucoup contribué à Francifer les Nations. On a vu fortir de leur fein des ouvrages capables de réveiller les efprits les plus affoupis, & des Académiciens, qui pour faire des découvertes, ont promené leurs lumières dans différens climats.

Il y a une atmofphere de fcience qui environne les Savans, difoit le Chancelier Bâcon, *& qui fait qu'on ne peut s'approcher d'eux fans fe reffentir de leurs connoiffances & de leur talens.* Ainfi les fleurs embaument ceux qui les voient de près, & ils s'en trouvent délicieufement affectés.

Si mon livre étoit un ouvrage de calcul, je nommerois ici les diverses Académies qui doivent leur établissement à celles de Paris, & l'on verroit qu'elles sont la mere de je ne sais combien de Sociétés, qui jouissent maintenant d'une réputation bien méritée.

La lumière se communique par ce moyen, & les nuances du génie Français, donnent une teinte agréable à tous les objets. Il n'y a point de livre, point de discours qui n'en soient impregnés.

Réfléchissons un moment sur cette douce & brillante harmonie qui règne entre toutes les Académies de l'Europe, & qui n'en fait, pour ainsi dire, qu'une seule & même famille. L'esprit aime à se représenter des spectacles aussi intéressans; spectacles qui consistent dans une communication de talens & d'idées ; & dont il résulte un ensemble qui étonne & qui ravit.

On a raison de dire que les sciences sont un genre de commerce, qui, plus qu'aucun autre, lie toutes les Nations. Les âmes s'accrochent, s'il est permis de parler de la sorte, & par cette attraction mille fois plus admirable que celle de Newton, il semble qu'il n'y ait plus dans le monde savant, qu'un seul esprit qui pense, qu'une seule personne qui agit.

CHAPITRE XXXIX.

De la Politesse.

Il est une civilité assujettissante, minutieuse, qui tient toute une compagnie en échec, quand il s'agit de prendre place ou d'entrer dans un appartement; une civilité bisarre, qui toute en cérémonies, & toute en complimens, ne cause que de la contrainte & de l'embarras ; & heureusement ce n'est point celle dont je parle.

J'ai uniquement pour objet cette politesse franche, aisée, qui, rendant à chacun ce qui lui appartient, & qui, compagne inséparable de l'amitié, caractèrise particulierement les Français, & se remarque jusques dans la plus petite boutique de Paris.

Or, je dis qu'on s'est universellement modélé sur celle-ci, & cela paroît sur-tout chez les Polonais, qui, toujours aux pieds les uns des autres, exprimoient leur attachement & leur respect par des révérences aussi pénibles qu'humiliantes, mais qui se dégagent aujourd'hui de ces ridicules entraves.

On craignoit jadis d'aller chez un gentilhomme Etranger ; ou il vous accabloit de politesses, ou il n'en faisoit que d'impérieuses. Maintenant on reçoit en Italie, comme à Paris, avec la même aisance & avec la même aménité. Ce ne sont plus ces complimens à perte de vue, qui, pour être sinceres, étoient trop outrés ; mais des paroles engageantes qui ont au moins un air de vérité.

C'étoit un tableau hideux de voir, avant ce siècle-ci, la grossièreté du peuple Allemand, & Hollandais : la brutalité des manières répondoit à celle des expreſſions, & il n'y avoit point de voyageur qui n'en fût choqué. Cela ne ſubſiſte plus, depuis que Paris donne le ton. Les mœurs des différens peuples ſe font civiliſées, & de cette heureuſe révolution, il en a réſulté une aménité qu'on ne peut trop chérir.

Il y avoit tout à parier, qu'on ne pourroit tenir contre un Français ſémillant, lorſqu'il montreroit l'aiſance avec laquelle il marche, il ſe préſente, il parle, il rit; plus on le regardoit, plus on s'appliquoit à l'imiter, & voilà l'époque où des multitudes de Maîtres de Danſe quitterent Paris pour aller donner des leçons dans toute l'Europe. On les vit honnêtes, & l'on apprit d'eux à ſaluer avec grâce, à faire la révérence à propos.

Combien *Marcel* ne forma-t-il pas d'élèves qui en ont formé d'autres, & qui communiquerent un air d'élégance à tous les Etrangers. La civilité est une chose de détail. On n'est vraiment poli, que l'orsqu'on ne manque ni à la bienséance, ni aux usages du pays où l'on est. Les Européens sont devenus plus communicatifs en devenant plus polis, & on a mieux connu leurs bonnes qualités. L'homme, sans la politesse, est un diamant qui n'a point été taillé, & qu'on n'estime pas plus qu'un caillou.

Ménalque avoit la plus belle âme du monde ; mais on n'ôsoit l'aborder, tant il étoit grossier. Sa maison, sa table, son jeu, tout se ressentoit de sa mauvaise éducation. Chacun le plaignoit,

plaignoit, lorsqu'heureusement il épousa l'aimable *Argénie*, que la France avoit vu naître, & qu'elle avoit formée. Dès la seconde année, *Ménalque* fut tout autre; des manières douces & honnêtes répondirent à ses excellentes qualités. Il devint les délices de son Canton, & il laissa des enfans aussi polis que spirituels.

CHAPITRE XL.

Des Modes.

Le dirai-je ? Le croira-t-on ? Les modes, oui les modes, ces précieuses frivolités dont la Philosophie se moque, ont contribué plus que toute autre chose au changement des Européens. En chamarrant l'Etranger de bigarrures, & d'agrémens, elles lui ont appris à chérir la France comme le berceau des gentillesses.

Voyez *Necman*, qui tantôt rêveur, tantôt pédant, & toujours morose, révoltoit tous ceux qui l'approchoient ; il n'a plus rien de lugubre & de rebutant, soit qu'il se fasse voir, ou qu'il parle, depuis que les manieres de Paris lui ont plu, & qu'il les adopte de préférence. Il étoit un Ours, & maintenant il est un joli sapajou.

Si vous voulez que je vous aime, disoit une Italienne à son Cigisbé, *venez me voir avec des dentelles & des cheveux nattés, votre figure y gagnera, & mon goût sera satisfait.*

A peine la charmante *Fatime* arriva-t-elle à Lisbonne, elle qui fait donner des grâces au plus petit chiffon, au moindre coup d'éventail, au moindre sourire; elle dont la parure, le caprice, la minauderie, la légèreté enjolivent sa personne & la multiplient, qu'elle devint la poupée de la Ville, qu'on s'empressa de la voir & de la copier. Les maris crierent inutilement, eh! comment ne pas imiter une admirable Parisienne, dont la plus simple attitude parle en faveur de la mode, & des Français.

Ce qui embarrasse les Etrangers, c'est qu'ils ne se décident que lentement, que les modes de Paris changent à chaque instant, & que leur saison passe encore plus vîte que celle des bluets; mais qui peut résister aux charmes d'une séduisante nouveauté? Toute personne aime naturellement le changement, & les modes offrent à toute heure de nouveaux spectacles & de nouvelles scènes.

Il n'y a point de couleurs, point de nuances qu'on n'ait employées pour donner aux modes, de l'intérêt & des agrémens. Les unes sont l'emblême de l'Automne, les autres l'image du Printems; celles-ci donnent à la jeunesse, un air sémillant; celles-là font paroître la vieillesse sous un air de fraîcheur. On les diversifie à sa volonté, &

souvent elles font allégoriques, faisant allusion à quelque mémorable évènement.

On consacre par des modes les batailles les plus célèbres, les victoires les plus fameuses. Il y eut des cocardes à la Fontenoy, des chapeaux à la Laufeld.

A peine une mode s'annonce-t-elle dans Paris, & prend-elle faveur, protégée par quelqu'agréable Duchesse, ou par quelque joli Marquis, que les Provinces en raffolent, & qu'elle traverse avec une vitesse incroyable, les Pyrénées, les Alpes, les Mers.

On est tout étonné de voir Paris s'étendre au-delà des frontières, de trouver ses coutumes, & d'entendre son langage sur les bords de la Vistule, comme sur les rives de la Seine; sur la Neva, comme sur la Marne. *Les modes Parisiennes ont des aîles*, difoit l'inimitable Fontenelle, *tant elles font de chemin en peu de tems.*

Tout contribue (il faut l'avouer) à les rendre intéreffantes. Rien d'auffi féduifant que les manieres, & le jargon de celles qui les vendent, rien d'auffi induftrieux que la ville dont elles émanent : perfonne n'ignore que Paris eft un monde, où la plume, le burin, le compas, le pinceau, l'éguille, le cifeau, font éclorre à l'envi les chofes les plus élégantes & les plus précieufes ; où des boutiques magnifiquement décorées, des magafins fuperbement pourvus contiennent ce qu'il y a de plus rare & de plus exquis ; où la nature eft toujours fecondée par l'art, pour produire des chef-d'œuvres en tout genre, où des efprits créateurs réalifent les plus charmans projets, & donnent aux plus petits riens des grâces merveilleuses.

Que de magnificence dans l'enceinte de Paris, ville unique par ses richesses, & par ses plaisirs! que d'élégance dans ses ameublemens! que de chef-d'œuvres dans ses atteliers! que de variété dans ses équipages! que de gentillesses dans ses manières! que de délicatesse dans ses repas! que d'aménité dans ses propos! que de noblesse dans ses airs! que d'enchantemens dans ses spectacles! que de charmes dans ses promenades! que de délices dans ses sociétés!

C'est tout-à-la-fois le séjour des ris, l'habitation des Muses, le temple des Grâces, le Palais des Fées, le terme où aboutissent tous les Etrangers pour se maniérer, le centre lumineux d'où partent mille rayons qui ravivent les diverses contrées de l'Europe, & qui les font sortir de leur obscurité. C'est son influence qui amollit les caractères, qui corrigea l'âpreté de certains pays, qui apprivoisa les esprits, qui métamorphosa les Nations.

On y trouve la solitude au milieu du grand monde, l'univers dans ses promenades & dans ses Sociétés. Tous les peuples de la terre s'y donnent rendez-vous, tous y trouvent une félicité relative à leurs goûts, à leurs caprices, à leurs opinions. La science y est dans son centre, ainsi que l'ignorance; le bel esprit, ainsi que le bon sens; la Philosophie, ainsi que l'ambition.

Les évènemens s'y multiplient d'une maniere incroyable, les nouvelles y sont aussi rapides que fréquentes. Chaque jour y voit naître une brochure, & il n'y a pas de semaine qu'on n'y publie quelqu'écrit intéressant. Les affaires s'y croisent continuellement avec les plaisirs, & il en résulte un tourbillon qui agite presque tout le monde. On vit plus dans les équipages que dans les maisons ; tant on aime à se promener & à courir.

Il n'y a point de variétés parmi les fleurs, comme celles de Paris. Les promenades y sont différentes selon le génie des personnes & selon leur goût. On diroit à les voir, qu'on imagina *le Sopha couleur de rose* aux Tuileries, *les Quatre parties du jour* au bois de Boulogne, *les fausses Confidences* au Palais Royal, *Candide* aux Boulevards, *le nouveau Robinson* au Luxembourg, *les Mille & une Nuits* au Jardin du Roi.

C'est un plaisir qu'on ne peut rendre, d'y voir cette bigarrure de visages & d'habits qui forment un prisme parfait. Les uns étonnent, les autres éblouiffent, & l'on eft partagé entre la furprife & l'admiration.

En vain les Anglais, en voyant une imitation de leur Vauxhal, fe font imaginés que le Français avoit befoin de leurs décorations pour fe réjouir; le Colifée n'a fait que raffembler des plaifirs qui étoient épars, & fi l'on s'y divertiffoit comme à Londres, on n'y riroit pas, quoiqu'on foit obligé de convenir que le Parc Saint-James, qui avoit moins l'air d'une promenade que d'un cimetiere, eft aujourd'hui plus animé. Ovide y eût écrit fes triftes, beaucoup mieux que dans fon exil.

Paris imprime jufques fur le vifage des malheureux un air de férénité. On y demande l'aumône prefque gaiement, & s'il y a de la misère plus que par-tout ailleurs, au moins y a-t-il plus de ressources, & y est-elle cachée sous de jolis chiffons.

Je ne m'étonne plus de ce que les Parisiens ne peuvent se résoudre à quitter Paris; de ce que les Etrangers n'en sortent que lorsqu'ils sont rappelés par leurs familles, ou lorsqu'ils n'ont plus d'argent. C'est le seul endroit de l'Univers où le riche puisse contenter tous ses goûts; où l'homme, à l'abri du commérage & de l'envie, jouisse de sa liberté; où l'argent procure autant d'agrémens; où il y ait plus de moyens de se réjouir, & à moins de frais. Le seul spectacle des Boulevards, celui des Tuileries, ne peuvent qu'intéresser vivement. C'est l'école du monde, l'image de toutes les passions, la réunion de toutes les bisarreries, l'assemblage de tous les goûts.

Allez-là, Monsieur, disoit un pere à son fils, *& vous apprendrez à con-*

noître les variétés de la vie humaine, & à vous maniérer.

Célie végétoit tristement en Province, n'osant presque plus se montrer, tant les rides avoient sillonné son visage & l'avoient brouillée avec son miroir, lorsqu'une succession l'appelle dans la capitale. On lui fait un ajustement, une coëffure, une physionomie ; en un mot ce n'est plus la vieille *Célie*, mais une femme toute fraîche qui trouve encore des admirateurs, & qui demande elle-même avec la plus grande surprise ; *est-ce bien moi ?*

Ce sont deux hommes entièrement différens que l'Anglais qui arrive à Paris pour la premiere fois, & qui en part au bout d'une année. Alors il n'a presque plus rien de cette taciturnité que la méfiance ou la prévention lui inspire à l'égard de tout Français, & il retourne dans son pays avec une sorte d'élégance qui est bien à lui; car il l'a bien payée.

On ne s'est pas contenté de venir chercher des modes à Paris, il a encore fallu que celles qui en font les distributrices & les marchandes, envoyassent des élèves dans tous les coins de l'Europe. Je n'y connois point de Ville un peu considérable où il n'y en ait au moins une vivement appliquée à mettre en crédit tout ce qu'on imagine & tout ce qu'on perfectionne dans l'art de la frisure & des ajustemens. Ces élégantes en forment d'autres, & tous les pays prennent insensiblement les nuances Parisiennes.

« Je ne conçois pas la folie des » Français, dit gravement un Seigneur Allemand à trente-deux quartiers, en endossant un habit couleur de rose garni de blonde

& de cannetilles verd pomme. « Ils » se moquent de nous, s'ils croient » nous donner le ton, » & en même tems il ordonne à son valet-de-chambre, tout récemment arrivé de Paris, de lui chercher un nœud d'épée du dernier goût.

Eh! vîte, vîte, déchargez votre voiture ; déballez vos marchandises, dit avec le plus grand empressement *Domingue* à *Damon*, son Commis, afin que je me rassasie du plaisir de voir & d'acheter les colifichets nouvellement imaginés dans Paris. On ouvre les coffres, & une troupe béante qui postule l'avantage de se maniérer, paie tout ce qu'on veut l'honneur de se parer de ce qu'il y a de plus frais & de plus recherché.

L'amour des modes ne fut dans le commencement qu'un effet de curiosité, & maintenant c'est un vrai fanatisme. La femme-de-chambre se met sur le ton de la maitresse, & la maitresse sur celui de la Cour. On n'ôse se montrer en public, si l'on n'a les livrées du goût.

Vous le savez, Danois, Polonais, au point, que si vous me lisez, vous ne pourrez vous empêcher de vous écrier, *il a dit la verité*. Eh ! comment ne la dirois-je pas ? je ne rapporte que des faits. Quel est le voyageur qui n'a pas vu que les modes sont maintenant la boussole des femmes qui veulent plaire, l'affublement des hommes qui fréquentent la bonne société.

L'industrie Française ne se repose ni jour ni nuit, depuis que les modes sont devenues une branche de commerce, & que l'amour de la parure les transporte chez l'Etranger. Ces riens produisent des sommes énormes, & *Dorilas* ne roule dans un fastueux équipage, n'a des appartemens parquetés, ne jouit d'une table exquise, que depuis qu'il vendit des blondes, des rubans & des éventails.

Dès le seizieme siècle, les modes Françaises commencerent à se communiquer aux Cours d'Allemagne, à l'Angleterre & à la Lombardie. Les Historiens d'Italie se plaignoient que, depuis le passage de Charles VIII, on affectoit chez eux de s'habiller à la Françaife, & de faire venir de France tout ce qui servoit à la parure.

Milord Bolinbrook, dit que, du tems de Mr. Colbert, les colifichets, les folies, les frivolités du luxe Français, coûtoient à l'Angleterre *plus d'onze millions* de notre monnoie actuelle, & aux autres Nations à proportion.

« Je loue, dit Montagne, l'in-
» dustrie d'un peuple qui cherche
» à faire payer aux autres ses ajus-

» temens & ſes modes ; mais je le » plains de ſe laiſſer lui-même ſi » fort piper, & aveugler à l'auto- » rité de l'uſage préſent, qu'il ſoit » capable de changer d'opinion & » d'avis tous les mois, s'il plaît à » la coutume, & qu'il juge ſi di- » verſement de ſoi-même : « mais on dira que Montagne radotte, & qu'il faut le laiſſer bavarder.

On croiroit que Paris eſt chargé de la part de tous les peuples, d'imaginer chaque jour de nouveaux ajuſtemens, de nouvelles coëffures, de nouveaux livres, pour les leur faire paſſer. Sans les modes, quelle étrange monotonie dans les villes, comme dans les Cours ! mais leur circulation donne à toute l'Europe du mouvement, & du jeu.

Que de Manufactures dont elles ſont le principe ! que d'Artiſtes & d'Ouvriers, dont elles ſont le reſfort, & la vie! Elles ont donné une nouvelle maniere d'être à toutes les conditions. Celui même qui par son état, est mort au monde & à ses vanités, se ressent de leur influence; sa robe est plus fine, sa cellule plus ornée, ses manieres plus aisées, son abord plus riant, sa conversation plus enjouée.

Mais ce ne sont pas toujours les frivolités que la mode met en honneur; si par hasard elle préconise un ouvrage sombre, un habit lugubre, les couleurs les plus rembrunies prennent faveur, & *Béverley* se trouve sur toutes les toilettes, & l'on ne peut donner d'autre raison de cette bisarrerie, sinon que la mode est un caprice.

Ce qu'il y a de fâcheux, c'est que trop souvent elle met en vogue des systêmes, & des sentimens qui attaquent la religion, & qui outragent les mœurs; qu'elle dévient plus que jamais l'apologiste de l'égoïsme, & qu'elle en fait la base des actions.

Le brillant *Damis*, enfile une multitude de mots aussi ridicules que recherchés ; il écrit des lettres toutes de sentiment, quoiqu'il ne sente absolument rien ; il a cinq ou six maitresses, quoiqu'il jure à chacune séparément, qu'elle est la seule au monde qu'il adore ; il doit à tous ceux qui vendent, il se moque de tous ceux qui lui prêtent ; il ne connoît d'autre existence que la sensualité, d'autres livres que des brochures impies, d'autre âme que la funeste faculté de pouvoir dire, qu'il n'en existe pas. *Damis est l'homme à la mode,* & on le trouve en Suède, en Danemarck, en Italie même.

Les petits-maîtres, comme les coquettes, doivent aux modes les trois-quarts de leur être, & c'est par reconnoissance qu'ils les font valoir. Que diroit-on de la petite *Hortense*, si elle n'avoit une coëffure extraordinaire, une garniture de plumes de geai, une rivière de diamans, une montagne de panaches, sa conversation empruntée des Romans, sa religion calquée sur quelque brochure qui la fronde ? elle se perdroit dans la foule, ainsi que *Joris*, son triste époux, qu'on ne distingue que par ses grandes boucles.

Je ne suis point surpris que les modes aient autant d'ascendant sur les esprits. A peine l'enfant peut-il marcher qu'on lui met entre les mains de jolies poupées de la rue Saint-Honoré, qu'on lui apprend à bégayer le précieux nom de Paris, comme celui d'une ville délicieuse où l'on crée ce qu'il y a de plus élégant & de plus merveilleux.

Que de détails se présentent à mon esprit, au sujet de ces modes toujours renaissantes & toujours recherchées ! je vois l'Europe par leur moyen changer des cabarets en auberges, des cafés en hôtels, des landes en jardins, des tabagies en cafés, des marais en parterres.

Partez pour voir ces agréables métamorphoses, vous qui, concentrés dans vos foyers, n'ôsez risquer l'aventure des voyages, crainte de ne pas rencontrer chez l'Etranger les commodités de la vie ? 1700, n'est pas 1776, l'on dîne & l'on répose à Pétersbourg, aussi délicatement qu'en France, & l'on trouve jusqu'à Stockolm *la foire même de Saint-Germain.*

Mais pour bien juger des métamorphoses qu'ont opéré les modes, il faut se rapeler ces sabres, ces moustaches, ces habits longs, qu'elles sont venues à bout de supprimer, tant en Pologne qu'en Lithuanie, pour vétir à la Française les habitans de ces climats. C'est exactement une création.

Ce que des leçons n'avoient pu faire dans le cours d'un demi-siècle, les modes l'operent dans un moment ; rien n'est si rapide que ce qui est imitation. On croit aggrandir son être en ressemblant aux autres, & non à soi-même, & de-là vient la fureur des métamorphoses.

Il resteroit encore bien des choses à dire, si l'on vouloit approfondir un pareil sujet ; mais il me semble que sur des objets aussi légers, on ne peut passer trop légèrement.

CHAPITRE XLI.

Des Plaisirs.

IL n'est point ici question de ces plaisirs licencieux que le libertinage multiplie, & qui, malgré tout le rafinement du siècle pour les rendre plus piquans, entraînent à leur suite beaucoup plus de peines que de satisfactions. Ne fût-ce que la satiété qui accable tous les hommes voluptueux ; on pourroit dire, sans craindre de se tromper, qu'ils ne sont heureux que par accès. Après le délire qui les transporte, il survient un abattement qui les jette dans une espèce de désespoir.

Je n'ai en vue que ces plaisirs légers, ces plaisirs innocens qu'offrent les récréations décentes, les lectures amusantes, les sociétés aimables, les voyages intéressans: eh! combien ne sont-ils pas multipliés chez une âme délicate, qui sait les varier & les goûter! combien n'ont-ils pas d'attraits pour les Français! Personne ne connoît aussi-bien qu'eux l'art de jouir des promenades, des études, des conversations. On les voit, tout vifs qu'ils sont, filer à longs traits ces plaisirs raisonnables, pour vaquer ensuite aux affaires avec plus d'activité.

Et c'est sur cet exemple que le Hollandais quitte aujourd'hui son comptoir, l'Anglais son cabinet, pour goûter les douceurs du repos & de la société. Jadis il se promenoit seul, maintenant il appelle ses amis, & il épanouit son âme & son front, comme ces fleurs qu'un beau jour fait éclorre,
&

& qui s'entrouvrent aux premiers rayons du soleil.

Mais pour bien juger des plaisirs que goûte le Français, il faut le voir dans le cours d'une belle journée, mêler sa voix avec celle des oiseaux, sa légèreté avec celle des papillons. Il n'est plus question ni d'affaires ni de chagrins. Il renaît pour une nouvelle vie, semblable au ver à soie, qui sort de sa retraite, & qui s'envôle au milieu des airs.

Il y a différens dégrés de plaisir, & chaque Nation a les siens ; mais Paris ayant raffiné dans ce genre, plus qu'aucun autre pays, on peut dire que les Etrangers y ont appris la manière de s'amuser. Je n'entends ici par amusement que ces plaisirs honnêtes ; mais sémillans, qui lancent ceux qui en jouissent dans le tourbillon des sociétés, des fêtes & des repas.

O

Le Français se fait un plaisir de tout ce qu'il voit & de tout ce qu'il entend, & cela double sa félicité. Si l'ennui le saisit, ce n'est qu'un nuage qui passe & qui ne rembrunit point l'horison; au-lieu qu'il y a des peuples qu'on croyoit absolument dégoûtés de la vie, & d'eux-mêmes, avant que le génie Français les eût électrisé. Ils ont éprouvé des secousses qui les ont réveillés de leur létargie, & enfin ils comprennent maintenant, que l'homme n'est fait, ni pour ruminer, comme le taureau, ni pour se cacher comme le hibou.

Il est dans notre essence d'aimer le plaisir, comme il est de notre devoir de le régler; afin de ne pas dégénérer de notre origine, & de ne pas nous étourdir sur la grandeur de notre destinée. Or le vrai plaisir d'un être raisonnable, est de converser & de penser, de travailler & de se délasser. Heureuse variété qui retrace les différentes époques du jour ; le moment où le soleil se leve, l'instant où il brille dans tout son éclat, & celui où il disparoît. On ne peut pas plus haïr le plaisir, qu'aimer le mal pour le mal. Le Philosophe austere qui affecte de ne pas s'amuser comme le reste des hommes, ne joue le misanthrope, que parce qu'il y trouve son plaisir, ou parce qu'il se flatte que cela le rendra plus important ; de sorte que, s'il ne jouït pas des délices de la vie, c'est qu'il met sa satifaction à se singulariser.

Malgré les malheurs qui affligent l'Humanité, on trouve le plaisir sous ses pas, lorsqu'on sait le cueillir. Il est comme la douce violette, qu'un feuillage épais dérobe souvent à la vue ; & tandis que l'Anglais la foule sous ses pieds, le Français l'apperçoit, la cueille, & la fent.

Ce plaifir univerfel confifte à ne confidérer les objets que du beau côté, à rejetter tout ce qui eft lugubre, comme on fe débarraffe d'un buiffon d'épines, ou d'un moucheron qui nous pique.

Le fpectacle de la nature devroit être le même pour tous les hommes, parce qu'ils devroient tous avoir les mêmes yeux; mais les uns le voient en couleur de rofe, & les autres fous des nuances rembrunies. Paris fait ce qu'il peut, pour que tous les objets ne paroiffent que d'une manière agréable. Il fait égayer les maladies mêmes, & par fes foins l'Europe a perdu une partie de fa gravité. Les révolutions n'arrivent que fucceffivement. Il faut plufieurs crifes avant de guérir de vieilles habitudes, & d'anciens préjugés.

Eh ! pourquoi nous attrister sur des maux que nous ne pouvons empêcher ? pourquoi nous épuiser en regrets sur des évènemens qui ont dû arriver, & qui sont l'effet des causes secondes ? pourquoi affliger ceux qui nous approchent, par un air sombre, par une humeur bisarre, par un ton d'ennui ? Imitons la rose, qui, quoiqu'au milieu des épines, s'épanouït. Si la raison ne nous étoit donnée que pour nous attrister, le moindre oiseau qui ramage, seroit plus heureux que nous. La bonne Philosophie consiste à s'égayer ; & le Français conséquemment est plus Philosophe que les autres peuples : que deviendroit la société, que deviendroit le monde entier, s'il n'étoit composé que d'Héraclites ? la terre hélas ! ne seroit plus qu'un mausolée, & les larmes formeroient des torrens.

La nature en nous offrant alternativement des fleurs & des fruits, invite l'homme à s'égayer, & une journée froide & sombre, lui apprend qu'on ne plaît à personne, quand on est mélancolique, & qu'on rembrunit son humeur.

CHAPITRE XLII.

Des Petits-Maîtres.

COMMENT peindre des êtres qui échappent sous le pinceau, tant ils sont mobiles & sémillans ! Les représente-t-on avec l'attirail des femmes, ce sont des hommes ; les fait-on paroître avec l'ajustement des hommes, ce sont des femmes. Ils tiennent des deux sexes pour la figure, pour les manières, pour le propos. Pleins de valeur, ils se battent comme des Céfars ; excédés de vapeurs, ils font les vieux.

Le premier qui parut dans le monde (& sans doute il y a longtems) fit insensiblement des profélytes qui se perpétuerent dans tous les pays. Athènes eut ses petits-maîtres, Rome les siens; mais Paris produisit dans ce genre des chef-d'œuvres & des phénomènes. Leurs noms consignés dans *l'Isle Frivolite*, y sont singuliérement vénérés! eh! qui mérita mieux des respects que des hommes délicieux qui eurent le parfum des fleurs, les couleurs du prisme, l'éclat du phosphore; dont tous les mots furent étudiés, tous les gestes significatifs, toutes les attitudes élégantes, tous les pas éloquens.

Il y eut sans doute du chemin à faire chez un Milord, qui voulut devenir petit-maître; mais il le fut à sa maniere, & Londres vit insensiblement dans son sein, des élégans qui se remuoient, & parloient précisément comme *l'Anglais à Bordeaux*.

Tous les Européens arriverent plus ou moins vîte aux honneurs de la petite-maîtrise ; car il fallut que l'Allemand se dépouillât de son flegme, le Suisse de sa gravité, l'Italien de sa politique, pour prendre les gentillesses de l'agréable *Florimene* ! Eh ! qui n'eût pas essayé de l'imiter ! exercé dans l'art de tout dire & de tout faire avec une élégance exquise, ne se nourrissant que d'essences & d'élixirs, ne prenant que la crême des plaisirs, ne s'habillant que pour éblouir, ne s'imbibant d'essences que pour embaumer, ne parlant que pour laisser échapper des expressions singulières ou nouvelles, ne lisant que des paradoxes, ne paroissant dans les cercles, que pour disparoître, n'allant à la Comédie que pour les Comédiennes, ne se montrant à la Cour que pour se donner un ton, ne voyant des femmes que pour se vanter de les avoir vues, n'existant enfin que pour dire sans cesse qu'on voudroit ne pas exister : il étoit un homme délicieux.

Et c'est-là le personnage que l'Europe copia, & qui devint conséquement le pere de mille *Florimenes*, qui se répandirent jusques dans les Républiques de Lucques & de Saint-Marin même, en un mot, jusqu'en Sibérie.

Je vois les femmes accourir aux assemblées pour les lorgner, pour se dire les unes aux autres ! ah, qu'ils sont ravissans ! & enfin pour les copier. Il étoit bien juste qu'il y eût aussi des petites-maitresses, & que cette précieuse qualité gagnât tous les sexes & tous les états.

Des Allemandes & des Suédoises, des Prussiennes & des Polonaises revinrent de Paris toutes transfigurées, toutes ornées de ce que les modes ont de plus séduisant, enfin toutes ravissantes.

Murmurez, vieillards, tant qu'il vous plaira: il est décidé qu'on ne vous écoutera point, & que vous passerez pour des panégyristes ridicules du bon vieux tems. La mode veut que vous ayez tort, & vous perdrez votre cause. On vous prouvera qu'on est las des usages lugubres dont vous êtes idolâtres; c'est un parti pris, on veut tout changer.

On ne peut croire le dépit que conçurent les anciens à la vue de ces métamorphoses. Où est feu mon pere, disoit celui-ci ? où est feu mon oncle disoit celui-là ? comme ils seroient contristés ! mais les bonnes gens eurent beau se plaindre, évoquer les âmes de tous leurs aïeux, la révolution étoit concertée, ils perdirent leur procès, & rien ne fut plus ordinaire que de voir un pere Allemand avoir un fils Français, une mere Danoise avoir une fille Parisienne. Ils en demeurèrent stupéfaits, de même qu'une poule est toute étonnée de voir de petits canards qu'elle a couvés, se précipiter au milieu des eaux, & nager.

Que de bals, que de fêtes, que de repas à la suite de ces métamorphoses!

Il ne faut qu'un petit-maître entreprenant pour mettre toute une ville en combustion. Des femmes qui ne sortoient jamais qu'avec leurs époux, prirent le bras d'un bon ami, & les yeux après avoir été vivement blessés, s'accoutumerent peu-à-peu à cette perspective. L'épouse voulut avoir un lit à part, & le mari pour avoir la paix, dut nécessairement y consentir. Paris, & toujours Paris, servit à justifier tous les usages nouveaux.

Il n'y eut pas jusqu'à des Abbés

qui voulurent prendre part à la métamorphose. Ils devinrent petits-maîtres pour le ton & pour les manières, comme ils l'étoient pour leurs aises. On les vit parés comme des Adonis, papillonnant au milieu des cercles, folâtrant aux toilettes, y faisant paroli avec un *Epagneul*, ou un *Angola*, & ne retenant rien de leur état, que le plaisir de dire en tapinois, ce que les autres disent ouvertement. On les persiffla, & pour mettre fin à la plaisanterie, ils devinrent eux-mêmes les plus élégans persiffleurs, gagnant de vitesse tous ceux qui vouloient les badiner.

Plusieurs pays ne s'accoutumèrent que difficilement à voir des êtres amphibies, tenant un éventail, & portant un rabat : mais enfin cela passa comme le reste, & chaque ville devint un fauxbourg de Paris.

Les laquais même se modelant sur ceux de France, firent les agréables ; mais avec la différence qui se trouve entre une mauvaise copie & un bon original. N'importe, ils se décrasserent, ils parurent avec des cheveux poudrés, & on ne les prit plus pour des mendians, ou pour des spectres.

On frémissoit jadis à l'aspect d'un domestique Russe ou Polonais, tant il étoit mal-propre & mal-vêtu, & ce qu'il y avoit de bisarre, c'est qu'un Seigneur se croyoit magnifique, lorsqu'il étoit suivi d'un cortege de malheureux. Autres tems, autres mœurs. Ces ridicules ne subsistent presque plus, & l'on reconnoit enfin, & à Moscou, & à Cracovie, qu'il vaut mieux n'avoir que deux laquais bien habillés, que cinquante presque tous nuds.

Je ne prétends pas que, pour honorer la France, le siècle & la mode, un valet porte des dentelles, ait une montre d'or. C'est un désordre que tous les Gouvernemens devroient réprimer ; mais il est à propos qu'il soit décemment vétu, ne fut-ce que pour ménager la vue de ceux qu'il sert.

Place ! place ! qu'on laisse passer l'étincelant Chevalier *d'Azuris*. N'entendez-vous pas aux fouets qui claquent, aux chevaux qui hennissent, que c'est un Seigneur, & qu'il part pour visiter l'Europe. Ses deshabillés sont du plus excellent goût, quoiqu'il les doive encore à son tailleur, & on le prendroit pour le Mogol, en voyant toutes les bagues qu'il porte à ses doigts. Son équipage semble moins une voiture qu'un trône portatif. Si ce ne sont pas des colombes qui le traînent, comme le char de Venus, elles y sont au moins peintes au mileu des plus brillantes couleurs. Il a déja fendu les airs, renverſé quelque poſtillon, & déja au-delà des frontieres, il laiſſe parcourir par les curieux, les gentilleſſes dont il eſt décoré, & ſouriant d'un air gracieux aux complimens qu'on lui adreſſe, il fait des proſélytes par-tout où il paſſe.

Il ne vient que de ſe mettre à une table de jeu, & il a perdu mille louis le plus noblement du monde, il joue il fredonne, il danſe, il babille, & l'on raffole de lui, non pour ſon caractere qu'on ne connoît pas, non pour ſon eſprit qu'on n'a point encore entrevu; mais pour ſon élégance qui charme les yeux.

Combien d'autres perſonnages ne pourroit-on pas citer, ſi l'on vouloit peindre le délicieux *Ariſtide*, qui n'a d'autre eſprit que celui d'avoir retenu quelques fragmens d'un Opéra-comique, & quelques brochures décousues; si l'on vouloit mettre sur la scène l'efféminé *Germonde*, qui connoît toutes les essences & tous les chiffons; si l'on vouloit nommer le merveilleux *Myrlin*, qui parle tout le jour sans rien dire, & qui captive toute une société.

Ne soyez point en peine de savoir où ils sont ces personnages si élégans, si recherchés; regardez autour de vous, chez vos voisins, & vous les trouverez à coup sûr; car ils se multiplient comme les papillons au printems, comme les moucherons en été.

Et voilà les êtres qui ont contribué à changer l'Europe. Tout sert au besoin. Il falloit leurs caprices, leurs minauderies, leur jargon pour introduire l'aménité.

Vrais Caméléons, ils changent

de couleur à tout inſtant, & c'eſt leur variété, leur mobilité, leur agilité, qui font leurs agrémens. Il faut les voir ſortir de leur hôtel, ſans pouvoir dire à leur cocher où ils vont ; les entendre diſcourir ſur des matières qu'ils ne connoiſſent pas ; &, ce qu'il y a de plus plaiſant, faire ces bévues avec gentilleſſe, & donner à leurs étourderies comme à leurs diſtractions, un je ne ſais quoi qui intéreſſe, & qu'on ne peut définir.

Je ne parle point ici du plus grand nombre : ſur mille, hélas ! peut-être n'y en a-t-il que trente qui ne ſoient pas le fléau du public par leur fatuité, qui ſachent obſerver les bienſéances, reſpecter les loix & la religion ; car il eſt une ſorte de petite-maîtriſe qui ſe croi obligée d'en parler à tort & à travers.

Ce ne furent pas ſeulement des

airs, des manières, des tons, des caprices, des frifures, des habits, que la petite-maîtrife mit à la mode ; mais encore des maladies. On lui doit l'exiftence des vapeurs, cette efpèce d'apathie qui tient l'âme indécife, qui offufque l'efprit de brouillards, & qui rend incapable d'agir & de penfer. Il n'y a point d'élégant qui n'y foit fujet, ou qui n'affecte de l'être, & l'Europe eft maintenant remplie de perfonnes à vapeurs.

Lucile, Baronne Allemande, n'a refté que fix femaines à Paris ; mais elle en a rapporté l'honneur d'être malade, fans favoir où elle a mal ; l'avantage d'avoir des évanouiffemens prémédités, & de pouvoir dire à fes gens : Vendredi vous ne laifferez entrer perfonne, parce que j'ai choifi cette journée pour avoir ma migraine, & pour fentir mes nerfs agacés.

Kraps a parcouru la France à vol d'oiseau, & il revient à Munich, sa patrie, mobile comme l'onde, léger comme le zéphir, ayant autant d'habits qu'il y a de jours dans l'année, changeant toutes les semaines de laquais, & les voulant tous de Paris, & de la plus grande taille.

Il est sans doute fâcheux que la petite-maîtrise ait depassé ses limites, & qu'elle ait trouvé le moyen d'assujetir à ses bisarreries la Littérature & la Philosophie même. Comme elle est le fruit du raffinement, & souvent d'une présomption incapable de produire de belles choses, elle se tourne du côté du frivole & du merveilleux. Ainsi elle a substitué la mignardise & l'affeterie aux beautés naturelles des Bossuet & des Massillon ; des singularités aux raisonnemens énergiques des Bacon & des Montesquieu ; des feux follets, au feu qui animoit & Corneille & Crébillon.

Il faut cependant convenir que les petits-maîtres ne sont plus ni aussi étourdis, ni aussi affectés ; un peu d'esprit Philosophique a pénétré jusques dans leurs têtes, & ils ont pris une dose de raison ; mais comme tout est inconstance chez des êtres martyrs de la mode, il est à présumer que leur sagesse apparente passera comme une jacinthe, & que nous reverrons sur la scène leurs étranges bisarreries.

En fait de modes, je m'attends à tout. C'est une pépiniere qui pousse, & qui pullule continuellement, quelquefois pour produire des agrémens, & plus souvent des singularités. Il est étonnant par exemple qu'on n'ait pas encore imaginé des bourses à cheveux de la couleur des habits, & il est encore plus surprenant qu'on veuille bien qualifier d'étoffes Anglaises, celles qui se fabriquent en France, & appeller Polonaises des robes qu'on imagina dans Paris. C'est sans doute pour faire voir, que les modes les plus nouvelles se trouvent à Londres même, ainsi qu'à Varsovie.

CHAPITRE XLIII.

Des Conversations.

IL n'y avoit autrefois en Europe que deux Nations qui connuſſent l'art de converſer, & qui en fiſſent uſage, les Italiens & les Français ; car la converſation pour être ſelon les règles, ne doit point être l'ouvrage de la pédanterie. Il faut en varier les ſujets, & les égayer par des propos auſſi agréables qu'intéreſſans.

Il ne ſuffit donc pas pour converſer, de ſe raſſembler & de parler. Tous les Européens, depuis un demi-ſiècle au moins, l'ont très-bien compris, de ſorte qu'actuellement il n'exiſte pas un ſeul peuple parmi eux, qui ne ſache diſcourir.

La conversation des Italiennes est pétillante, & presque toujours embellie de ce que les Poëtes ont dit de plus ingénieux ; celle des Anglaises, savante ; celle des Allemandes, quoique Monotone, intéressante, pour la solidité ; celle des Espagnoles, aussi spirituelle que vive ; celle des Polonaises, agréable pour la naïveté, & toutes ces diverses conversations sont aujourd'hui sur le ton Français. Il n'y a pas une de ces aimables Etrangeres qui ne fût goûtée à Paris, & qui n'y tînt son coin.

On en peut juger par celles qui y paroissent de tems en tems. Elles conversent si agréablement, qu'on les prend souvent pour des Françaises même.

On a été séduit par la manière dont on converse en France. C'est l'aménité qui parle, c'est la Franchise qui rit ; l'agréable s'y mêle à l'utile, l'utile, les nouvelles y contrastent avec les saillies, & l'on passe d'un sujet à l'autre, d'une manière aussi imperceptible que les nuances les plus fines, parmi les plus tendres couleurs, sont heureusement assorties.

Que j'aime à me trouver dans ces cercles honnêtes qui forment à Paris, ce qu'on appelle la bonne compagnie ! Chacun y parle de ce qu'il sait, sans apprêt & sans vanité, chacun se met en frais pour former une conversation générale qui plaise, & qui intéresse. L'homme de Cour y apporte des propos honnêtes, l'homme d'esprit des bons-mots, la femme aimable de jolies naïvetés ; & tout cela n'est point étudié, tout cela naît d'un heureux hasard.

Moins le Français paroît réfléchir, & plus ce qu'il dit est agréable; au-lieu que les hommes naturellement taciturnes, & qui ont ruminé long-tems, ne proferent ordinairement que des choses tristes & pesantes. Mais on se gêne aujourd'hui beaucoup moins pour discourir, & il faut avouer que la conversation exige cette liberté. Un homme qui parle comme un livre, est insupportable dans la société. On n'aime dans les cercles, ni le ton dogmatique, ni le ton magistral.

D'après cela, je dirai, sans crainte de me tromper, que la gaieté est de l'essence de la conversation ; j'entends une gaieté modérée qui ne consiste pas dans des éclats de rire, mais dans un visage riant ; mais dans des propos légers, & quelquefois badins.

Je me représente la conversation comme un agréable tableau,

où de grands sujets mêlés avec des petits, sont environnés de fleurs, & forment un ensemble qui captive les sens, & qui les réjouit. C'est ce tableau que les Français présenterent aux Européens, & qu'ils ont soin de copier.

L'Anglais n'avoit autrefois d'autre entretien que celui qui rouloit sur son gouvernement ; l'Italien ne parloit que de sa musique ; le Hollandais que de son commerce ; le Suisse que de son pays ; le Polonais que de sa liberté ; l'Autrichien que de son extraction. Maintenant on est à l'unisson pour la manière de converser. On parle de tout, & l'on en parle bien. Le Français même qui revenoit trop souvent sur le chapitre de ses bonnes fortunes & de ses plaisirs, ne donne presque plus dans ce ridicule. Il sent qu'on a tout épuisé dans ce genre, & qu'il faut changer de langage, pour ne pas se répéter ; mais ce qui nuit encore aux conversations, c'est la manie de vouloir aujourd'hui mettre trop d'esprit à tout ce qu'on dit ; alors il faut nécessairement *tamiser* ses pensées, & ses mots, & la franchise en souffre, ainsi que la gaieté.

CHAPITRE XLIV.

De l'Opinion.

Quoique l'opinion soit plutôt fille de la mode & du préjugé, que de l'expérience & de la raison, quoiqu'elle ait causé dans le monde une infinité de maux, elle a un tel empire sur les hommes qu'elle subjugue leur manière de penser, & qu'elle en triomphe. On sait communément qu'elle est dangereuse, & néanmoins on l'écoute, & on la révère.

C'est par l'opinion que les systêmes les plus singuliers prennent faveur, que la plupart des réputations sont bonnes ou mauvaises, que les Sectes s'établissent ou se détruisent, que la nouvelle Philosophie s'est accréditée; parce que c'est par l'opinion que le monde se gouverne, *opinione Regina del mondo.*

Rien de plus fort & de plus universel que son influence. Elle agit sur le moral avec la même activité que les astres sur le Physique. Elle nous investit, elle nous berce, elle nous captive. L'histoire des nations est celle de son pouvoir & de ses progrès. Elle fit mourir Socrate, comme elle fit brûler la pucelle d'Orléans.

Il n'y a rien qu'elle ne cimente, ou qu'elle ne détruise. Elle court comme la Renommée; & avec la même rapidité qu'elle met une personne ou un livre en faveur, elle les fait tomber dans le plus profond oubli.

Que d'ouvrages modernes qui lui doivent leur brillante réputation ! elle les prôna d'un ton absolu, & il n'en fallut pas davantage pour en rendre la lecture à la mode, pour les introduire sur toutes les toilettes & dans tous les cabinets.

Le plus grand mérite se soutient beaucoup moins par lui-même que par l'opinion, & certainement l'Europe ne seroit pas devenue Française, si l'opinion n'y eût fortement contribué ; mais elle emboucha la trompette en faveur des Français, & dès lors tous les peuples prêterent l'oreille, & furent de son avis.

Aussi-tôt on ne parla plus que de leur amabilité ; on n'estima plus que ce qu'ils imaginerent pour les commodités de la vie, & pour ses agrémens. L'Allemand a beau faire des chef-d'œuvres de bijouterie, l'Anglais des prodiges dans l'orfévrerie : ils ne font pas célébrés par l'opinion, & dès lors ils n'occuperont aux yeux de l'Europe que le second rang.

Eh! comment pourroit-on accréditer tant de choses frivoles, tant de modes puériles, & souvent ridicules, si ce n'étoit par l'opinion. Elle donne un air de conséquence aux plus petits riens, un ton d'importance aux moindres mots, & tout le monde se passionne pour en faire l'éloge & pour les admirer.

Le fanatisme des modes est donc son ouvrage, comme celui des Sectes le fruit de ses leçons. On est agréable quand elle le veut, & insupportable quand il lui plaît. La beauté même est soumise à ses caprices, ainsi que les couleurs, & les plus rembrunies passent pour les plus brillantes, quand elle l'a décidé.

Il me semble que je la vois s'élancer du cœur de la France, pour aller publier dans tous les climats, que le Français est le plus aimable homme du monde, & qu'il faut absolument se défaire de toutes les vieilles rubriques, & de tous les anciens usages pour le copier. Je me la représente entrant à la toilette d'une Portugaise, & lui disant : renversez tout cet attirail gothique, & faites venir de Paris sur-le-champ de quoi vous orner, vous farder, vous parfumer ; je me la figure à la table d'un Seigneur Danois, rejettant tous les mets, & lui persuadant d'appeller au plutôt des Officiers de bouche qui soient Français ; je l'entends au milieu d'un Collége Allemand, maudire la vieille Philosophie, bénir la Physique de l'Abbé Nollet, & francisant ainsi l'éducation Germanique ; je la vois dans un cercle à

Turin, vanter avec enthousiasme les ajustemens de Paris & de Lyon, & les mettre en honneur.

Que ne fait-elle pas, cette opinion, pour changer les têtes, & pour les dominer ? Elle emploie tous les moyens, elle profite de toutes les circonstances, elle prend tous les tons. Avec quel empire ne subjugue-t-elle pas les Ecoles, les Académies, les Cours ?

Mille fois on lui obéit en croyant n'écouter que la vérité. Elle fait la destinée des livres, & des Auteurs. Elle fixe presque toujours le jugement qu'on en doit porter, & il faut nécessairement qu'un Ecrivain ait tort, quand elle l'a jugé.

L'opinion de ceux qui ont de la réputation, devient insensiblement l'opinion générale. Alors ils donnent le ton à leur siècle, à leur pays ; souvent même une seule voix suffit pour faire adopter les choses moins vraisemblables & les plus ridicules, & alors on entend répéter par mille petits échos, que *les Lettres les plus certaines, sont supposées.*

Ce n'est pas que toute opinion soit fausse; celle qui préconise de toutes parts Louis XIV, comme un Monarque qui répandit la magnificence dans toute l'Europe, est parfaitement d'accord avec la vérité.

Il y a des opinions qu'il faut respecter, & d'autres qu'on doit mépriser. Il s'agit de les comparer avec la raison; mais en prenant bien garde, qu'elle ne soit obscurcie par les passions, & par les préjugés.

L'opinion de ce siècle n'a que trop souvent suivi le torrent des nouveautés, & malheureusement elle fait beaucoup plus de progrès chez les Français, comme étant singulièrement amis de tout ce qui est nouveau.

Le Marquis de Saint-Aubin, nous a donné un traité sur l'Opinion, qui n'a pour objet, que les différens sentimens qu'on enseigne dans tous les pays & dans toutes les écoles ; mais il est à désirer (selon le souhait de Pascal) que quelqu'Auteur habile nous expose la force, ainsi que les avantages & les dangers de l'opinion. Il faudroit que cela fût approfondi, sans y mettre trop de métaphysique. On est en garde aujourd'hui plus que jamais contre tout ce qui tient à cette science ; & l'on n'a pas tout-à-fait tort ; car c'est souvent le pays des chimères & des visions. Tous les ouvrages où l'imagination joue le premier rôle, sont dangereux en ce qu'ils sont éblouissans. Ou l'on n'y voit rien, ou l'on s'y laisse prendre par des raisonnemens spécieux.

Pardon. Je deviendrois dissertateur malgré moi, & ce n'est pas ce que j'ai promis au public, quoique j'aie toujours eu pour objet de rendre un ouvrage utile, même en l'égayant. Un livre qui n'est que solide peut aisément ennuyer; mais un livre qui n'est que léger; n'a pour lui que le moment: tout le monde aujourd'hui se l'arrache, & demain on n'en veut plus.

CONCLUSION.

OH ! je respire. L'Europe est donc maintenant le plus agréable séjour de l'univers. Je n'y vois plus ces ronces, ces landes, ces marais, ces précipices qui blessoient la vue, qui désespéroient le voyageur. La plus riche campagne, le plus riant parterre, la plus belle perspective, les plus belles routes ; voilà ce que j'apperçois, & c'est la France qui a contribué, plus qu'aucun autre pays, à cette heureuse métamorphose.

Et qu'a-t-on employé pour un pareil succès ? de grands & de petits moyens, comme je l'ai observé. Des ressources foibles en apparence, sont souvent du plus grand secours.

Rien de plus avantageux que d'avoir franchi, par le moyen des chemins publics & des postes, l'intervalle immense qui séparoit les Européens les uns des autres. Il semble qu'il n'y ait plus de distance entr'eux. Paris touche Pétersbourg, Rome Constantinople, & ce n'est plus qu'une seule & même famille qui habite différentes régions. J'appelle la Pologne, la Suède, le Dannemarck, je les prie de me donner la main, & déja nous nous saluons, nous nous embrassons, nous fraternisons. C'est le même esprit qui nous vivifie, la même âme qui nous anime.

Je ne rencontre plus ce fanatisme qui prenoit le langage de la religion pour soulever peuple contre peuple, & pour éterniser des disputes & des dissensions; je n'entends plus ces cris de guerre qui excitoient la vengeance & la haine, si l'on se tue encore, c'est du moins sans animosité.

La manière d'étudier est presqu'uniforme. Les écoles Espagnoles ressemblent aux écoles Allemandes. On y forme les mêmes disciples, on y apprend également à discerner le faux & le vrai, à ne regarder que comme opinion, ce qui n'est pas de foi. La superstition se cache, & la religion se montre; elle qui ne craint que d'être ignorée.

Si j'examine la société; je la trouve la même chez tous les Européens, à quelques nuances près. La douceur en fait la base; l'aménité, le vernis. On joue les mêmes jeux, on tient les mêmes propos, on a les mêmes idées, les mêmes sentimens. Les femmes sont instruites à Naples comme à Paris, à Londres comme à Madrid; & elles font l'agrément des sociétés.

Le bel-esprit qui joue sur le mot, commence à n'être plus écouté. Il n'y a que l'Italien qui conserve ses *concetti*, & qui les gardera, parce qu'ils tiennent à sa Langue pour laquelle il est justement passionné.

On recherche de toutes parts tout ouvrage qui porte l'empreinte de la délicatesse & du génie, & l'on désire universellement qu'il soit écrit en François; c'est la seule Langue qu'on aime à parler, & qui deviendroit unique, si la plupart des Européens étoient consultés.

Il n'y a plus de modes que celles qui sont Françaises. L'Anglais a toute la peine du monde a soutenir les siennes, qu'il ne conserve que par vanité.

On s'habille à Vienne comme à Paris, & l'on se coëffe à Dresde comme à Lyon. La plupart des Européennes employoient autrefois toute la matinée à se rendre ridicules le reste du jour. C'étoit un mélange de gothique & de moderne, une bigarrure de couleurs disparates qui contrarioient l'âge ou la physionomie. Maintenant c'est le goût qui préside à toutes les toilettes ; & ce goût est celui de Paris.

L'emphase Italienne, l'étiquette Allemande, la morgue Espagnole, ont fait place aux usages Français. On n'aime plus ce qui gêne, & l'on sacrifie la hauteur de la naissance & du rang au plaisir de s'humaniser. L'*Altesse* comme l'*Eminence*, l'*Excellence* comme *la Grandeur*, daignent rire avec des personnes qui n'ont ni titres, ni appanages, ni quartiers de noblesse à produire. Les Savans se recherchent, & les Rois se visitent. Heureuse métamorphose qui a réformé les mœurs, en ne paroissant changer que les habits!

Il n'y a plus qu'une seule table chez tous les Grands de l'Europe, qu'une même manière de dîner. On connoît dans toutes les Cours cette délicatesse exquise qui procure presqu'autant de plaisir à voir les mets qu'à les savourer. *On les mange des yeux*, disoit au congrès de Soissons un Ministre Allemand, aussi célèbre par sa friandise que par ses talens, *& je parle*, ajoutoit-il, *pour qu'on ne s'y méprenne pas, des ragoûts préparés par les Français.*

Les repas conséquemment ne sont plus des séances d'orgueil & d'ennui. On y converse avec intérêt, on y rit avec liberté. Quelques disputes Littéraires sans aigreur, quelques jolis riens sans futilité, quelques nouvelles agréables sans indiscrétion, réveillent les convives & les amusent. Les femmes reçoivent des complimens sans affectation, parce que le sexe est fait pour être par-tout fêté; & elles y répondent sans minauderie, parce que le tems des grimaces commence à passer.

La politesse Française n'a point trouvé de Nation réfractaire quand elle s'est introduite chez les différens peuples. Il n'y a personne qui n'aime l'aisance & l'honnêteté.

L'Europe est donc maintenant un tableau dont toutes les parties sont admirablement liées; l'œil y apperçoit un ensemble qui le flatte, une ordonnance qui le satisfait; d'où je conclus qu'on ne peut résister aux charmes de la douceur & de l'insinuation, & que plus les années s'accumuleront, & plus l'aménité Française dominera, cette aménité, qui donne de l'agrément aux choses les plus sérieuses, comme de l'intérêt aux plus petits riens.

Habitans des différentes parties de l'Europe, si ce livre vous parvient, dites-vous à vous-mêmes: il n'existeroit pas, si nous n'y avions donné lieu. Ce qu'il expose aux yeux du public, est précisément ce que nous faisons. Il prouve que nous sommes *Français*, pour le langage, pour les manières, pour les ajustemens, pour les lectures, pour les opinions, & nous ne cessons de l'exprimer dans nos mœurs.

Les Etrangers ne pouvoient mieux faire que de se modéler sur la France, le pays sans contredit le plus commode, le plus agréable & le plus riant; que de copier Paris, *qui*, selon la réflexion de M. de Voltaire, *l'emporte probablement de beaucoup sur Rome & sur Athènes, même dans le tems de leur splendeur.*

L'œil ne peut se rassasier de voir, & combien n'est-il pas étonné, quand il vient à contempler les magnifiques & délicieuses maisons; les rians & superbes jardins qui environnent cette Ville unique, & qui, depuis quelques années, se sont élevés du fond des marais par une espèce d'enchantement. C'est-là que le Grand oublie qu'il est Seigneur; que l'homme riche savoure à longs traits le fruit de ses richesses; que la femme aimable fait usage de son esprit; que le Savant n'a de science que pour se rendre agréable, & que dans un mélange de conversations, de promenades, de lectures & de repas, on goûte les plaisirs champêtres au sein du grand monde; on marie la sagesse avec la folie, les grâces avec les talens, & l'on ne découvre rien dans le reste de l'Univers, qui soit digne d'être envié.

F I N.

OUVRAGES NOUVEAUX

Du Fonds de la Veuve DUCHESNE, Libraire, rue Saint-Jacques, au Temple du Goût.

	liv.	sols.
ANECDOTES dramatiques, ou Dictionnaire général des Théâtres de toutes les Nations, 3 vol. *in-8°*. reliés.	15	
Chef-d'œuvres dramatiques d'Alexis Piron, précédé de la vie de l'Auteur, écrite par lui-même, avec figures, d'après les deſſins de M. Cochin.	6	
Théâtre de M. Rochon de Chabanne, 1 vol. *in-8°*. relié.	5	
La Réduction de Paris, drame lyrique, en trois Actes, ſuivie d'une Diſſertation ſur le drame lyrique, par M. de Roſoy.	1	16
La belle Arſenne, Comédie Féerie, par M. Favart.	1	10
L'Amitié à l'épreuve, par le même.	1	4
Mémoires pour ſervir à l'hiſt. du Maréchal de Catinat, 1 vol. *in-12*. br.	2	10
Voyages d'Italie & de Hollande, par M. l'Abbé Coyer, 2 vol. rel.	5	
Les Rêves d'un homme de bien. 1 vol. relié.	3	
Londres, avec le Plan de la Ville de Londres. 4 vol.	12	
Les Confidences d'une jolie femme, 4 part. br.	6	

	liv.	sols.
Nouveaux Amusemens sérieux & comiques, 1 vol. qui peut faire suite à la Bibliothèque amusante: 1 vol. relié,	2	10
Zely, ou la difficulté d'être heureux, in-8°. br.	2	8
Frédégonde & Brunehaut, Roman historique, par M. Montvel, in-8°. br. figures.	3	
Tout vient à point, qui peut attendre, Conte.	1	4
L'Europe Françoise, par l'Auteur de la Gaieté, 1 vol. in-12.	3	
Recherches sur les découvertes attribuées aux modernes, où l'on démontre que nos plus célèbres Philosophes ont puisé la plupart de leurs connoissances dans les ouvrages des Anciens, & que plusieurs vérités importantes sur la Religion ont été connues des Sages du Paganisme, par M. Dutens, de la Société Royale de Londres, & de l'Académie des Inscriptions & Belles-Lettres de Paris, deuxième édition, 2 vol. in-8°. rel.	10	
Essais sur les causes principales qui ont contribué à détruire les deux premieres Races des Rois de France, ouvrage dans lequel on développe les constitutions fondamentales de la nation Françoise, dans ces anciens tems, par l'Auteur de la Théorie du Luxe, in-8°. br.	2	10
Précis de l'Histoire de France, en vers, avec des notes, où l'on développe ce que les vers ne font	1	

	liv.	sols.
qu'indiquer à l'usage de la jeune noblesse, 1 vol. rel.	4	10
Projet d'un Hopital de malades, divisé en 3 parties, 1°. l'emplacement, 2°. les bâtimens, 3°. l'administration, in-4°. br.	1	4

OUVRAGES nouveaux qui se trouvent chez le même Libraire.

	liv.	sols.
L'AMI du siècle, Comédie.	1	4
La Colonie, Comédie en 2 Actes.	1	4
La même, avec la Musique.	4	16
Les Arsacides, Tragédie en 6 Actes.	1	10
Les Astuces de Paris, Anecdotes Parisiennes, 2 part. br.	2	8
La Philosophe par amour, 2 part. broch.	2	8
Mémoires historiques & critiques pour l'histoire de la Ville de Troyes, premier vol. in-8°. figure br.	4	10
Théâtre du monde, 2 vol. in-8°. belles gravures, br.	12	
Recueil de Dissertations, ou Recherches historiques & critiques sur le temps où vivoit le Solitaire S. Florent au Montglomée, en Anjou, &c. par M. de la Sauvagere, Chevalier de l'Ordre Royal & Militaire de Saint-Louis, in-8°. broché.	3	12
Le nouvel Archiviste, contenant une méthode de ranger un Chartrier, dont l'ordre chronologique est la base, in-8°. br.	3	

	liv.	sols
Précis du Droit des Gens, de la Guerre, de la Paix, & des Ambassades, 1 vol. *in*-12. broché.	2	10
Œuvres complettes de Piron, 7 vol. *in*-8°. br.	48	
Fables de la Fontaine, Latin & François, 2 vol. *in*-8°. rel.	10	
L'École des Peres, 2 vol. *in*-8°. br.	7	4

www.ingramcontent.com/pod-product-compliance
Lightning Source LLC
Chambersburg PA
CBHW050538170426
43201CB00011B/1473